あやうく、未来に不幸にされるとこだった

堀内進之介　吉岡直樹

東洋経済新報社

「いま、あなたは幸せですか？」

という質問に、
「はい」と答えられますか？

実は、最近の調査では、
自信をもって「幸せだ」と答えられる人は
２割もいないのです。

この数字を見てもわかるように、
多くの人が悩みや不安を抱えています。
私たちと同じように、昔から人びとは常に悩み、
さまざまな不安を感じてきました。

そして、過去の偉人たちは、
こうした悩みや苦しみが自分自身の「未来」から
来るものだと気づき、対策やアドバイスを残しています。
日常の中で幸せを感じるためのヒントや考え方です。

しかし、時代とともに私たちの生活や環境は変わり、
先人たちの教えは、現代の私たちには
わかりにくいものとなっています。
そこで、この本では、
先人たちの知恵を私たちの生活に合わせて
「即役立つ」ように整え、
気楽に試せるようにしました。

この本の著者は2人います。
一人は、人生を豊かにする方法を
研究する大学の先生で、
もう一人は先生の研究所の
メンバーです。

私たちはこれまで、
現代人の生活や意識について調べてきました。
その中で、
生きづらさや不安が
増していると感じています。

だからこそ、
先人たちの知恵をいまこそ活かすべきだと考えました。
毎日の生活の中でのちょっとした不安や
疑問に向き合う手がかりが、
きっとこの本の中に見つかるはずです。

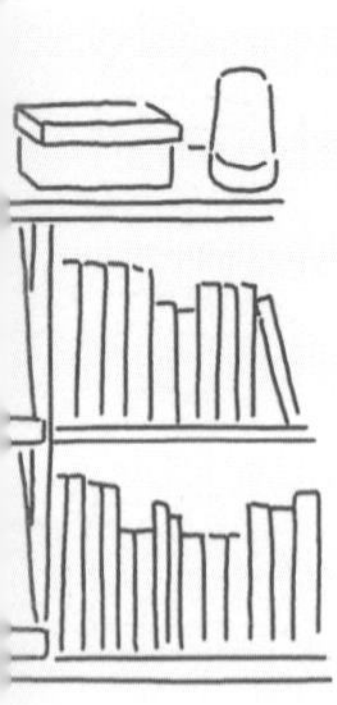

あなたの日常に
小さな幸せや
気づきが訪れることを、
心より願っています。

あやうく、未来に不幸にされるところだった　目次

1章 いまの気分で決めることを甘く見てはいけない

2章 自信 あなたが完璧でなくていい理由

3章　関係　あの人が変わることを期待してはいけない

4章 モノ　心の整理は、ペットボトルを捨てることから始まる

5章 時間 あなたのその不安は、91・4％現実化しない

6章 お金 未来を豊かにするお金と幸せの秘訣

7章 成長

結果を追わない行動が、あなたを「折れない人」にする

終章　幸福、もしくは不安について

はじめに

未来が自分を不幸にする

メールを間違って送ってしまった。もう会社、辞めるしかない

ある日のことです。友人のＦとカフェでおしゃべりをしていました。話題が仕事の話になると急にＦの元気はなくなり、思いつめたように下を向いてしまいました。

よくよく話を聞くと、「そこそこ大事な書類を、社内の違う人に誤って送ってしまった」というのです。

たしかにそれは、あるあるなミスです。私だって、身に覚えがあります。

しかしＦは、激しく自分を責めて、絶望しきっているのです。

「**バレてもマズい、バレなくてもマズい、非常にマズい、**もう会社を辞めるしかない……」

Ｆの気持ちはよくわかります。とはいえ、会社を辞めるレベルのミスとはとても思えません。

Fの心の負担を、少しでも軽くしてあげたい。そこで彼の立場になり、いまからできることを一緒に考えることにしました。

まずは私は「そんなに悩むことじゃなくない？　気になるなら一声、スミマセンって伝えれば？」と言いました。メールの誤送信など、どんな職場でもよく起こること。それに、話を聞くと誤送信による問題はないそうですから、スルーしてもらえるのが通常でしょう。

しかしFは落胆しきっています。よくよく話を聞くと、誤送信をした相手というのが、ちょっと厳しい先輩だとわかりました。

たしかにどんな職場でも〝面倒くさい相手〟というのはいるもの。とはいえ、あくまで仕事上での問題です。Fのメールに気づいたところで、スルーするか削除してくれているでしょう。今後、職場で顔を合わせたとしても、誤送信をしたFにねちねち説教をするとは思えません。せいぜい嫌味をひとこと言われるくらいで済むはずです。直属の上司でもないわけですしね。

しかし、目の前にいるFは、すっかり絶望しているようでした。

「なぜ、僕がこんな目に……？」

そこで私は改めて「明日、先輩に誤送信を伝えて真正面から謝ったら？」と提案しました。

こんな場合は「ミスをしたら謝る。謝られた側は小言で済ます」というのが、世の中の一般的な流れだからです。しかしFは「そうはしたくない」と反対します。

「表面上はそれで済むかもしれない。でも先輩は僕に対する心証を悪くするだろう。実は僕はまだ、その先輩に叱られたことがない。それをひそかに、自分の誇りにしているんだ。その先輩に叱られたことがないのは、同期の中でも僕だけだから。僕は〝ダメな男〟と思われたくないんだ……」

そして、とうとう彼は泣き始めてしまいました。

「なぜ、こんなことに……」

Ｆの言う通りです。

「メールを誤送信しただけなのに……」

私もまったく同感です。

「会社無理ゲー過ぎ……」

たしかにそうです。

このようにＦは「そこそこ大事な書類を社内の違う人に送ってしまっただけで、取り乱すほど悩まされるとは、会社員人生とはなんと難しいものなのか」と、悩みを打ち明けてくれました。私もそう思います。

ただ「そう思う」のは、「会社員人生が難しい」点ではありません。「メールを誤送信しただけで、こんなに**〝わからない〟〝確実ではない〟〝ありえない〟未来を想像してしまう私たちは何と苦しく、不安な日々を送っているのだろう**」という事実についてです。

彼のことは、とても他人事だとは思えません。

後から振り返って、「なぜこんなつまらないことを思い悩んでいたのだろう」と不思議に感じたことはありませんか？

でも、悩みごとの多くは、悩んでいる当人にとって、その瞬間は間違いなく大事件です。たしかに時間が過ぎたり、**他者から見たら「たいしたことではない」というのはよくある**こと。だからといって**「気にしなくていいじゃん」で片付くものではない**でしょう。

大事なのは、苦しいとき、自分で気づけないとき、ハマってしまったときに、いかに早く苦しさから抜けられるか、ということです。

本書は、そんなときに「即役立つ本」だと思ってください。いわば〝セルフ救命法〟がたくさん詰まっています。

もしものときは、身体に適切な応急処置ができるかどうかで、明暗が分かれることがありますよね。心についても同じこと。つまり自分が何かに悩んでいると気づいたら、それを解決するタイミングを逃してはいけないのです。

わからない、確実ではない、ありえない、未来を想像してしまう私たち

しかしいったいなぜ、私たちは不安にとらわれてしまうのでしょうか。

その理由は、私たちの心の独特な働きにあります。私たちの心は、ほとんど常に**“いま”ではなく“未来”のことを捉えています。**その濃淡はあるにせよ、何らかの未来を常に考えているわけです。

しかもその心の動きは、まるで悲観的な占い師のよう。ほんのわずかな可能性をたぐりよせては、ほとんどありえないような悲劇を、あたかも“確実な未来”であるかのように思い込ませ、私たちを不安にさせるのです。

未来のことを考え続けて人生が終わる

「何かしら心配ごとがあるから未来に不安を感じている。もし、心配ごとがなければ平穏な日々を暮らせるのに……」

私はいつもそう思っていました。

実際、私たちの心は常に未来を見ていて、わからない、確実ではない、ありえない

不安を感じ、心配し続けています。

そんな一瞬がずっと積み重なっていくとすれば、平穏な日など、一日たりとも訪れないことになります。そうなると、大げさに聞こえるかもしれませんが、一生、未来のことを憂え続け、心配し続け、不安のうちに人生を終えることになります。

おそらく同意していただけると思うのですが、「不安が心のどこかにある状態」は、とても苦しいものです。胸の内に時折、不安や恐怖として現れる〝怪物〟を飼い続けているようなもの。

この〝怪物〟が恐ろしいのは、**「私はいま幸せだ」と自覚していたとしても、心のどこかに、常に重く居座り続ける**点です。このような状況に陥ると、幸せな生活の中にあってすら、悲観的な感情にしばしば苦しめられることになります。

そのような苦しい状況は、なんとか改善しなければなりません。

ちなみにFの場合は、このあとお伝えする「現在へフォーカスする方法」を使って心配ごとを「いまやること」から外し、とりあえず睡眠をとり、翌日になってから先輩に正直に話すのが適切な対応でしょう。ともかく不確かな未来を先取りせずに、未来のことはそれが「現在」になった時点にあずける。この姿勢が大切です。

「先輩の心証を悪くするのでは？」というFの不安については、「自分の〝コントロール外〟のことは手放す方法」で対処します。相手の心は自分の思い通りにはいかないものなので、気に病んでも仕方がないからです。いずれも、追って詳しくご説明しますね。

「〜であるべき」「〜でなければならない」に根拠はない

「未来をあれこれ想像して不安になること」は、ごく一般的なこと、誰でもそうです。そして、この不安のために、自分自身を守ろうと、ほとんど無意識に「〜であるべき」、「〜でなければならない」という厄介なルールができてしまいます。

それは、本人だけが固く信じている、いわばマイルールのようなもの。ですから、ほかの人からすると〝謎ルール〟に見えることもあるでしょう。それを、本書では**「思い込み」**と呼ぶことにします。やがて思い込みは、私たち一人ひとりが身につけた常識となり私たちを縛ります。

思い込みがあるせいで、いわゆる一般常識を身につけた社会人として生活を送ることができる半面、それに束縛されすぎると、Fのように**心の自由が失われる**こともあります。

もはやそこに合理的な理由などありません。なんとも理不尽なものです。

Fの場合、「先輩に叱られたことがない自分＝優秀」という思い込みがありました。その思い込みさえなければ、Fはずっとラクだったはずです。

そもそも長い会社人生で「叱られた体験のなさ」にこだわる必要はないでしょう。なぜならミスや失敗、叱られた体験からしか学べないことがあるからです。「失敗する自分」を許せないことほど、つらいことはありません。

私たちは無理・無駄をわざわざ作り出して、自分を縛る

このように、私たちは「思い込み」に基づいて行動してしまう。その結果、自分がこなせる以上の無理・無駄を背負い込みます。

そうして背負い込んだ無理・無駄は、私たちから、可能性を奪い、日々苦労を強いる原因となるのです。

とはいえ、Fの事例からもわかるように、「自分の常識、マイルールに縛られていることに気づく」のは大変難しいものです。それに気づくには、**普段から自身の無理・無駄を手放すクセ**をつけなければなりません。それにはちょっとしたコツがあります。本書で追ってお話ししますね。

さて、Fがその後どうなったかもお話ししておきましょう。

結局、Fは先輩から叱られることはありませんでした。Fは先輩のデスクまで事情を話しにいったそうですが、「あ、そう。わざわざありがとう！」と笑顔で返されたのだそうです。厳しいはずの先輩が、なぜ笑顔でフレンドリーだったのかというと、とあるプレゼンが成功した直後で、とても機嫌がよかったのだとか。

ここから学べるのは、人間は誰もが大きな流れの中で生かされていること。自分の事情や都合とはまったく関係がなく、物事が動くものだということでしょう。

ですから、自分の思いや行動が影響を与えられない事柄にまで、気に病む必要はありません。そのような重荷はおろして、目先のことに全力で取り組む方がいいのです。

私たちは「自分はつまらない人間である」ことを隠している、と錯覚している

ここまで、私たちの心の働きについて見てきました。おさらいしておくと、次のようになります。

❶心配……わからない、確実ではない、ありえない、未来を想像して心配してしまう。

❷無理・無駄を繰り返す……そして、自分の勝手な思い込みで判断し、未来をなんとか自分の望み通りにしようと無理・無駄を繰り返す。

❸失望からの不安……しかし、不確かな未来に向かってもがいても何も変わらない。だから結局は疲れ果て、停滞し、不安なまま未来を悲観的に考えて自分に失望する。

こうして、**「いまを楽しく生きられない私」**が出来上がるわけです。このような常に不安にかられた自分を魅力的に感じられるはずがありません。そうなると、「自分

はつまらない人間だ」と思うようになり、周りの人間を見渡しては、**「それがバレないように隠し続けなければ」**とひやひやするようになるのです。

場合によっては、覆い隠すのに必死で、自分自身までも偽ろうとするようになります。

こうした無理・無駄は私たちの重荷となるだけです。そして私たちを不幸にしていくのです。

未来を恐れ、無理・無駄を背負い込んだ末にループにハマる

私たちは、未来をあれこれ予想して心配し、不確かな未来をなんとかしようと無理・無駄を重ね、その結果としていとも簡単に自分に失望してしまいます。

こうなると私たちは何をするでしょうか。そうです、不安にかられ、さらに未来を見ようとするのです。しかし、それが、振り出しに戻ること以外の何物でもないことは、もうおわかりでしょう。

「不幸な現状を少しでもましなものにしたい！」、「さらに幸せな未来を見たい！」、そんな焦りからループにハマるわけです。

いわば焦りと不安の無限ループ。こんな状態では心に安らぎなど感じられるはずがありませんよね。

ですから私たちは、このような**最悪のループからなんとか脱出しなければなりません**。それには、３つの方法があります。

ちょっとしたコツなので、難しい話ではありません。「どこから出るか」で次の３種類のコツがあります（わかりやすくするために、これまでお話ししてきた順番とは逆にご紹介しますね）。

方法①　何か、いままでとは違ったことをする（停滞を克服する）

シカゴ大学の研究[※1]によると、事前の情報や結果の良し悪しにかかわらず、行動することが事後の幸福度をアップさせるそうです。**「心配せずにともかく行動すること」**こそ、幸福度を上げるコツなわけです。

いわゆる「意識高い系」の自己啓発書では、盛んに「行動しよう！」と説かれているのはこれが理由でしょう。でも、私たちは新たに行動するのがとても苦手で、避けがちです。

はっきり言うと、シンプルに面倒なわけです。「行動しよう！」と訴えるアッパー気味のメソッドに違和感のある人からすれば、「それはわかったから、どうやったら行動できるかを教えろよ」という気分でしょう。

まったく同感です。なので本書では、その方法を取り上げます。

方法②　無理・無駄を手放す（思い込みを克服する）

アメリカ、ＮＴＳＢ（国家運輸安全委員会）の調べによると、飛行機での死亡率は、０・０００９％、一方、自動車では０・０３％だそうです。

つまり、自動車のほうが飛行機に比べて圧倒的に危険な乗り物だということです。

でも、頭でそうわかってはいても、皆さんは、自動車には気軽に乗り、飛行機には緊張するのではないでしょうか？　少なくとも私はそうです。こうした心理は、専門的には「信念体系の歪み」とよばれています。この例は、私たちの「思い込み」のわかりやすい説明です。

もう一例挙げておきましょう。
殺人強盗などの凶悪犯罪は、昭和の時代には年間1万５０００件程度発生していたものが、２０２０年には、４４４４件と激減しています。しかしながら、警察庁のアンケートによると、「ここ10年で日本の治安が悪くなった」と答えた人は67％にも上るそうです。「昔よりも物騒な世の中になった」、そう感じている人は、たとえ統計上の数字を聞いても納得はしないでしょう。

このように私たちは、**一度、思い込んでしまうと、それがたとえ事実ではなくても、なかなか振り払えなくなります。**ましてや、自分自身で気づくことなど、さらに難しいことです。
とはいえ、こうした思い込みは私たちの自由を縛る重たい負担となるので、できる限り手放さなければなりません。

そこで役に立つのが、いわゆる「手放す系」のメソッドです。思い込みによる無理・無駄な行動を手放すわけですが、このとき、自分で作り上げた常識、つまり思い込みは、大きな妨げになります。

つまり心の安らぎのためには、**思い込み**（停滞）と、**無理・無駄な行動**（暴走）の、どちらも手放さなければなりません。

とはいえ「自分がとらわれている思い込みに気づくこと」は、誰にとっても至難のワザです。

そこで、本書では「いまの気持ち」に注目することで、無理・無駄をうまく確実に手放す方法を紹介します。

方法③　現在に意識を集中する（未来への反応を変える）

古代ギリシャの「ストア派」をご存じでしょうか。この哲学の流派は、エピクテトスやセネカ、マルクス・アウレリウスといった著名な思想家たちを輩出しました。彼らの思想、「ストア哲学」や「ストア主義」とも呼ばれる考え方は、心の平和とバランスを追求することを重視していました。

ストア派の思想は、実は、現代の自己啓発の源流の一つともいえるものです。

それは、**「制御できるもの」と「制御できないもの」を明確に区別する**という考え方を強調していました。彼らは、外部環境や出来事は制御することはできないと考えましたが、他方で、自分自身の判断や反応、つまり、それらの出来事に対する態度は制御できると考えたのです。

この視点は現代でも心の整え方における重要なテーマです。つまり、自分自身の意識と注意に焦点を当てることで、出来事や他者の行動から自分を解放しようという考え方は、ストア派の哲学者たちが何千年も前に理解していたものなのです。

ストア派に由来する考え方は、過去を悔やんだり未来を心配したりする代わりに、現在に集中し、自分が直面している状況「いま、ここ」に最善を尽くすことを強調します。しかし、それは**過去や未来を完全に無視するというよりも、それらに対する私たちの反応をコントロールする**という視点から来ています。

したがって、現在の瞬間に集中することは、自分自身の反応を制御し、自分の感情を平穏に保つための一つのコツであるといえます。

この考え方は、現代ではマインドフルネスや瞑想の練習など、「いま、この瞬間」を生きることを重視する多くの手法に反映されています。「いま、この瞬間」への集中は、自分自身と周囲の世界との良好なつながりを築き、より高い意識状態へと私たちを導く方法なのです。

ストア派の教えは**私たち自身の内面に目を向け、現在という瞬間に全精力を注ぐことで、より充実した人生を送ることを可能にする**力強いメッセージを私たちに与えてくれます。

例えば、セネカはこう言っています。

（不安になる）最大の原因は、私たちが現在の事態に適切な対応をせずに遠い未来の事態に思考を先走らせることにある。……現在の状況によってのみ不幸な人は一人もいない（『セネカ哲学全集〈5〉』岩波書店・15ページ）。

最も歴史のあるメソッドにして、諸説の〝源流〟であるのが**「いま、この瞬間」への集中**です。

私たちの注意を引く、あれやこれやのほとんどは「わからない」「確実ではない」「ありえない」未来への妄想であり、私たちはなかなか現在へ集中することができません。

瞑想やマインドフルネスなど、呼吸に着目する方法が知られていますが「こうした成果を、普段の生活でどう活かすのか」など、イメージしづらい部分があります。

そこで本書では、その時々の気持ちのありようを3つに分類することで、「いま、この瞬間」に集中する方法をお伝えします。

結局、不安とは、未来の影響を受けて現在が不安定になっている状態

私が提案する方法は、「未来を手放し安心して生きる」ためのものです。とはいえ、私は「未来のことを考えるのをやめよう」「常識を捨てて無計画に生きよう」と言いたいわけでは決してありません。

第一、そんな安易な取り組み方では、未来は、不安という形で私たちの心に攻め込

み、瞬く間に再び私たちの心を捉えてしまうでしょう。結局、**不安とは、未来の影響を受けて現在が不安定になっている状態**なのです。

たしかに、「いまだわからない、確実ではない、未来までを想像し、予測し、対策することで危険を回避する生き方」は、時に有効です。原始的な生活を送っていた、私たちの祖先が生き延びるための生存戦略としては、ある意味正解だったでしょう。実際、そのかいあっていまの私たちがいるわけです。

でも、現代においては少々困りものです。「強く未来を捉える心の働き」は、私たち現代人にとっては、意味もなくあれこれと未来を心配し、不必要な思い込みで縛り、自分に失望する原因になってしまいます。**現実を必要以上につらく感じさせる方向に行きがち**だからです。

特に、「いま、ここ」の幸せを感じられないという場合、心の働きを微調整し、全身で幸せを感じられるよう改善する必要があります。

次章以降では、**自信、関係、モノ、時間、お金、成長という6つのテーマ**について、現在に集中し、「いま、この瞬間」を幸福で満たすために、何を、どのように解決するかをお伝えします。そして最後には、不安の克服について改めてお話ししたいと思います。

どうぞこのまま、気をラクに読み進めてください。

1章

いまの気分で決めることを甘く見てはいけない

無理してサブスクに入っていた方がお得？

ある夜、友人のFとSNSでやりとりをしている時、次のようなことを打ち明けられました。

「3か月以上、観ていない動画のサブスクサービスを解約するかどうか、悩んでいるんだ」

大した話ではないと、違う話題に移ろうとしましたが、Fは深刻に悩んでいるようで、電話で話そうと言ってきました。

心の中ではそう思いましたが、気軽にそう言い返せない雰囲気でした。

（3か月以上も観ていないんなら、さっさと解約しちゃえば？）

夜中に、私を頼ってくれたFの気持ちを考えると、軽はずみなことはとても言えません。特に用事もなかったので、私は腰を据えてFの話に耳を傾けようと決めました。

Fは2年半ほど前、ある海外ドラマが目当てで、その動画のサブスクサービスに入会したと言います。なんでもそのサービスでは、2年以上継続した会員は「ゴールドメンバー」に格上げされ、それまで１０００円だった会費が８５０円に値下げされるのだとか。

確かに、その割引システムについて聞くと「３か月以上観ていないから」といって解約するのはもったいない気もします。

そこでFに「特に観たい番組があるの？」と聞くと、「ないわけではないんだけど……」という答え。なんとも微妙な返事です。

Fは、こう説明してくれました。

「『どんな動画でも、観たらそれなりに面白いだろう』と思いつつ、**今日の気分ではないと過ごしているうちに月日があっという間に流れ、結局3か月の間、一度も動画を観なかったんだよ**」

そう言われて、なんだか納得させられました。

実際、そんな経験の一つや二つ、私自身も思い当たるからです。

そして、Fの立場に立って、自分ごととしてシミュレーションをしてみました。

「動画を観るのは、今日の気分ではない」、そんな月日がたとえ長く続いても、ある日突然、観たい動画が出てくるかもしれません。

すると、ここで解約してしまっては「ゴールドメンバー会員価格の８５０円で本来観られたはずのもの」に、１０００円を払わなければなりません。

それは確かに悔しい気がします。

普段は頭のいいＦが迷ってしまうのも、よくわかります。

「僕だって、料金を払っている限りは観ないと損なことくらい、わかってるよ」

「でも、お金を払ってまで無理して観る、というのはおかしくない？」

「いや、お金を払ってるからこそ、観ないともったいないでしょう」

「じゃあさ、『解約したら観なくて済む』って考え方にならない？」

「……いや。サブスクっていったん解約したら、もうその価格では観られないんだよ」

このあたりから、Ｆの理屈はグダグダになってきました。

何を悩んでいるのかがわからなくなる

ところがFの態度は不思議なくらい、はっきりとしています。
「いまは観たくない。でもそのうちに観たくなるかもしれない」
そう言い切るのです。確かに、その可能性については私も否定しません。

おそらくFは**「いま、観ていないのに、未来のためにお金を払い続けること」**にモヤモヤさせられているのでしょう。とはいえ解約にスパッと踏み切れないのは、「将来、観たくなった時」に、いまより150円も割高で、料金を負担しなければいけないからです。

しかし、解約か継続か、最終的にどちらが得か。その問いについて厳密に答えようとすると「Fがこの世を去る瞬間」にプラスマイナスを清算する必要があります。
だから**「いま、どちらが得か」**という問いには、**「わからない」**と答えるのが正解です。

「わからない」のだから、いまの時点では「解約」でも「継続」でも、どちらも間違った行動とはいえません。

それにもかかわらず、Ｆは真剣に悩んでいます。夜に友人に電話をかけずにはおれないほどの悩みは、一体どこからくるのでしょうか。

下のように、ときに私たちは**「どちらを選んでも間違いではない選択肢」**について、**選びきれずに悩みのループにハマる**ことがあります。

この残念なループは、次の３つの〝沼状態〟に永遠にハマり続けるイメージです。友人Ｆの話にあてはめて考えてみましょう。

❶無意味なグルグル思考沼……彼はまず、観るか観ないかわからない、不確かな未来について、考えが止まらなくなっています。（→❷へ）

❷ケチケチ沼……次に、ほんのわずかであっても損をしたくない、という思い込みにとらわれて無駄な出費を続けています。冷静に考えれば、１５０円のわずかな

得が手放せずに、毎月８５０円を無駄にしているわけです。（→❸へ）

❸金縛り沼……その結果、身動きが取れなくなっています。仕方なく現状維持をし続けている状態です。解約という行為に踏み切れないため、ダラダラと課金を続けていることに悩んでいます。（→❶へ）

「未来を気にしすぎて無理や無駄が増え、行動できなくなる」という状態だといえそうです。ではこの沼のループから、どのように脱出すればよいのでしょうか。

○いまの気分は３つのどれか、で考える

理屈で考えても、自分というものはなかなかままならないものです。

「未来を気にしすぎて無理や無駄が増え、行動できなくなる」

こんな状態への対処法として、本書では自分の心をいま一度見つめなおすコツをお伝えしたいと思います。

といっても難しいものではありません。そのときの心の状態に応じたものを、選べ

ばよいだけです。この考え方の根っこには、「ストレスの科学」があります。

それによると、人の心の状態は「コンフォート」「パフォーマンス」「デンジャー」という３つの領域に大きく分けられます。本書では、わかりやすくするために「❶リラックス」「❷チャレンジ」「❸ストレス」と言い換えておきましょう。科学における厳密な用い方とは異なりますが、私たちが自分の心の状態を把握し、判断するにはとても有益な方法です。

Ｆの例で言えば、「毎月８５０円を払い続けている」状態の受け止め方は、次の３つに分類できます。

❶リラックスゾーン……観てなく**〝ても〟**いつでも観られるなら８５０円ぐらい払おう

❷チャレンジゾーン……観てない**〝けど〟**８５０円を払っているのだし、せっかくだから面白そうな番組でも探してみよう

❸ストレスゾーン……観てない**〝のに〟**８５０円も払っているなんて、もったいない

　このように、同じ「８５０円」でも、そのときの自分の心にとっての意味は、まったく異なります。「いつか観るかもしれない」という未来については答えが出ませんが、**いまの自分の心の状態に基づけば、どれを選べばよいかはわかる**はずです。

　もし❶リラックスゾーンなら、今後もそのまま払い続けるのがよいでしょう。

　❷チャレンジゾーンなら、来月はわかりませんが、今月の支払いについては、前向きに捉えられそうです。しばらく様子を見るのがよいでしょう。

　そしてＦが陥っていた❸ストレスゾーンであれば、やはり解約すべきでしょう。

　私たちは心の状態によって、自分の気持ちを「良い・悪い」のどちらかに寄せがちです。

　つまり、私たちの心には、損得とは別に「どのように感じるのか」という気持ちの〝評価軸〟があります。

「今月８５０円払う」ことについて、「これで、いつか観たくなっても、ずっと８５０円で観られるぞ。ラッキー！」と思うのか、「やっぱり観なかったから、また８５

0円も損した。クソッ！」と思うのか。

たとえ計算上は同じでも、気持ちの上で明らかにいまつらいのであれば、現時点での答えはハッキリします。

ズバリ、即解約すべきでしょう。

私たちの〝心〟にとっての正解は、その時々で移り変わります。絶対的な正解なんて存在しません。ですから、「未来のゆるぎない答えを知ろう」と考えをグルグルループさせるより、**現時点での気持ちを把握し、それに当てはまる〝その時の正解〟（その瞬間に「正しい」と思われる答え）を選ぶのが正しい**のです。

極端に聞こえるかもしれませんが、明日には、また気持ちは変わるかもしれません。「正解」なんて、その時によって変わっていいんです。正解にこだわるのは、ストレスになるだけです。大切なのは、何かを決断する「その瞬間」の気持ちに素直にしたがうこと。

まとめておきましょう。

「今月も損したなぁ」と思いながら８５０円を払い続ける行為は、ストレスのもととなります。

反対に「少しでも節約したいから」と８５０円を払わず、楽しい時間をケチる行為も、心をじわじわとむしばみます。

ですから、自分が納得するゾーンを選べばいいんです。

現在の気持ちを大事にする生き方。それこそ、幸せになるためのたった一つのコツであり、自分を大切にする生き方です。

2章　自信

あなたが完璧でなくていい理由

○心に無理・無駄があるのは〝いい人〟の証拠

前にお話ししたように、友人Fは「将来また観るかも」という可能性を気にしすぎて、動画配信のサブスクサービスの会費を払い続けるという無駄をやめられずにいました（40ページ）。こうしたことを、他人事だとはとても思えません。

私も、しばらく聴いていない音楽配信のサブスクサービスにダラダラと加入し続けています。誰にだって、そのような**〝なんとなく抱え込み続けている無理・無駄〟**は結構あるものです。よくハマりがちなのは次のような3つの欲です。

❶（そんなことをしたら将来）損する気がする……**損したくない欲**
❷（そんなことをしたらいつか）後悔する気がする……**後悔したくない欲**
❸（そんなことをしたらこの先）悪く思われる気がする……**悪く思われたくない欲**

あなたも、右のような欲にとりつかれたことがあるのではないでしょうか。

本書では友人Fのサブスクの例からお話ししましたが、欲は、決して未来の損得に関わるものだけではありません。何か欲張った結果などではなく、実際は、いい人、真面目な人ほど、心の無理・無駄が増えるのです。なぜなら「未来について安心したい」と願い、あれこれ手放さないでいることで無理・無駄が増えるからです。つまり「普通でいい」と思い、気をつかうほどに、負担ばかりが増えていくのです。

　未来をあれこれ想像して不安を感じ、自分自身を守ろうと、無意識に「〜であるべき」、「〜でなければならない」という厄介なルールを作ることを、思い込みと呼びました。こうした思い込みは、私たち一人一人が身につけた常識となって私たちを縛り、時には**明らかに無理・無駄だとわかっていても、やめることができなくなります**。なんとも恐ろしいものです。

「もうこれ以上は無理」と思っていても、断れない、放っておけない、やめられない。あなたは、そんな〝いい人〟になってはいませんか。

「こんなものは無駄」と思っていても、つきあってしまう、捨てられない、やめられない。

あなたは、そんな〝いい人〟ではありませんか。

もし思い当たることが少しでもあるならば、何かについて考えたとき、自分の気持ちが「リラックスゾーン」「チャレンジゾーン」「ストレスゾーン」のどこにあるのかを確かめる必要があります。

あなたの心は、リラックスゾーンにあって、**落ち着いた気分**でいられるでしょうか？

それともチャレンジゾーンにあって、**「前向きに取り組もう」**と思えるでしょうか？

もしくは、ストレスゾーンにあって**「気分が乗らない」**けれども**「やらなければいけない」**と感じるでしょうか？

もしあなたが「ストレスゾーンにある」と感じるなら、試しに一度でよいのでいますぐ手放すことを考えてください。

「手放せない」と思い込んでいるのはなぜか

そうは言っても、やらなければいけないと思っているものを、手放すことは容易ではありません。前に「『手放せない』という思いが自分の〝常識〟になってしまうと、無理・無駄を手放すことが簡単でなくなる」とお伝えしました。こうした無理・無駄を手放したいなら、いまのままでは難しいでしょう。つまり思い込みを手放すには、いまの自分を変えることが必要です。

無理だと思っていても、断れない、放っておけない、やめられない

それはいったいなぜでしょうか？　「あとで大変なことになるから」「叱られそう」、たしかにそうかもしれません。

でも、そうならないかもしれません。あなただけの責任ではないかもしれません。責任などとらなくてもよいかもしれません。

いっそ逃げてしまっても、それなりに新しい生活が始まるものです。

〝断ち切れない関係や思い〟というのは、たしかにある、と言いたくなります。

でも、それは実は、ただの思い込みかもしれません。

それを手放しても、あなたも、周りの人も、しばらくすればその事実自体を忘れてしまうかもしれません。

うっかり手放したことにして、たとえ後で都合が悪くなっても「勘違いだった」と謝れば済むかもしれません。

人は意外なほど物事を忘れます。ドイツの心理学者[※2]によると、人は苦労して覚えたことも1か月後には忘れてしまうことがほとんどで、再度覚えるのにやはり以前の8割程度の時間が必要だそうです。

どんなに頑張って覚えたことも、ひと月もすれば、すっかり忘れてしまうというわけです。

だから、**あなたが気にしている「そのこと」を、気になる〝あの人〟が覚えている可能性なんて、ほとんどゼロ**に近いのです。

もしかすると、あなた自身も来月になれば、すっかり忘れているかもしれませんよ。

「手放さないから忘れられない」のだとすると、馬鹿馬鹿しくすら感じませんか？

◎自分とは、「変える」のではなく、「変えて」もらうもの

「『それを手放すべき』、『思い込みを捨てて変わるべき』とわかっていても、なかなか実行できない」という人が大多数であるように思います。「いますぐは難しい、でも何かしら、キリのよいところまで、目途がつくまで……」と頑張っている。

そういう人は、無理・無駄が手放せない自分を変えよう、手放せる自分になろうとしているのだと思います。そんな考えや努力は素晴らしいものですし、心から尊敬します。

しかし、自分を変えようとする際に**最もよくない方法は、「自分の気持ちを変えよう」と頑張ること**です。「自分で自分の心を変える」のは、どれほど精神力が強くても、たやすいことではありません。「自分ひとりの力でなんとかしよう」とする真面目ないい人ほど、追い込まれるのはそのためです。

反対に言うと、自分を変えるために、最も効果的なのは、**自分以外の力をうまく使**

うことなのです。人の手を借りずとも、自分以外の力をうまく利用する方法はたくさんあります。ぶっちゃけると、もっとラクに考えていいのです。

① 習い事をする

新しい人間関係や環境からの影響を利用する

ヨガで体を動かすのでも、スポーツジムに通うのでも何でも構いません。意外に思うかもしれませんが「習い事」を続ける効果は絶大です。まず、これまでの生活圏とは違った人たちと関係ができます。コミュニケーションをとるのが苦手な人でも、目的が共通しているので、楽に程よい距離感でのおつきあいができます。

また、いつでもリセットできます。環境の変化を求める上で「いつでも抜け出せる」というメリットはとても大きいのです。

もちろん、習いたいことのお目当てがあれば、それに越したことはありません。見当がつかなければ、とりあえず現在の体力に見合った運動がよいでしょう。大事なことは無理をしすぎないことです。

それでも新しいことを始めるのが不安な人への処方箋〈失敗おりこみ法〉

新しいことを始める前に「始めても楽しくなく、うまくいかずにやめてしまうのでは」と思うことがあります。そうした考えは、始める決心がつかない原因になります。そういう場合に有効なのが「失敗おりこみ法」です。これは事前に失敗するであろう（やめてよい）回数を、多めに自分の中で決めておく方法です。

例えば「自分に合った習い事にたどりつくには10件まで失敗してもよい」と決めておくのです。

そうしておけば、始めてみて「違うな」と思っても「どうせ予行練習だし」と思うことができ、落ち込まずにすみます。

習い事を新しく見つけて通い出したところで、いきなり〝当たり〟を引けることなどめったにありません。**習い事が続いている人は、あちこち通ってうまくいきついたか、運がたまたまよかっただけです。**数回通って「ちょっと違うな」と少しでも感じたら、その習い事はきっぱりやめましょう。

なんせ最初から「10件までならやめてよい」と決めているわけです。「私は物事を続けられない人間だ」などと落ち込む必要はありません。さっさと2件目の習い事をスタートさせましょう。そんなサイクルを繰り返すうちに、あなたにとって〝ちょうどいい習い事〟と巡り合えるでしょう。

ちなみに何かの行動は「後回しにすると2倍つらく感じる」と言われています。いったん始めた習い事をやめることも同じです。「ちょっと違うな」と感じた直後にやめないと、面白くもないのにズルズルと続けてしまいかねません。

② 心の中の役者を使い分ける

自分ではない人の力を使う

私の友人に「社交的だけど、人づきあいは好きではない」という人がいます。そんな彼女が社交的に振る舞えるコツは、**「その都度、誰かになりきったつもりで、人と接すること」**だそうです。これは大変うまいやり方です。単純に思えるかもしれませんが、この効果は絶大です。

彼女の場合、なりきる誰かとはテレビで見かける有名人だそうです。

場を明るく楽しませたいときには、あのお笑い芸人に。

ママ友同士で盛り上がりたいときには、辛口だけど嫌味のない、あの文化人に。
仕事で皆の意見に理解を示しながらリードしたいときは、あの有名司会者に。

結局は自分であることは変わらないのですが、この方法は驚くほど、心の負担を軽減してくれます。

いい人・真面目な人ほど、一言の言葉を発するにも自分の責任を、未来への影響を、未来の結果を気にかけてしまいます。そのことに不安を感じます。しかし「皆から人気者の、あの人ならこう言う」と思えば、思いを言葉にできてもできなくても、心はラクになるものです。

3 引っ越しをする

生活環境の変化からの影響を利用する

住んでいる部屋を変えてしまうのも非常に効果的です。

ノートルダム大学の研究[※3]によると、移動は人に物事を忘れさせてくれる効果があるそうです。人間の心は生活環境の影響を強く受けますから、住む場所が変われば気持ちも変わるのは当然でしょう。もちろん引っ越しの手間は多少かかりますが、居場所を変えることで自動的に心をリセットできる、確実な方法です。

居場所を変えるにあたってどの程度現在地から離れるかは、自分で調整できます。仕事や学校などに影響のない、近距離の引っ越しもお勧めです。場合によっては、地域を変えて仕事は変えずにご近所づきあいだけをリセットするのもいい。もちろん、まったく違う土地で仕事も変えて心機一転、新スタートするのも素晴らしいです。

逆に言うと、**一か所に長く暮らす人は、過去のつらい思い出をいつまでも持ち続けるのと同じ**こと。人生において「定期的に住むところを変える」というのは心を健やかに保つコツなのかもしれませんね。

◎考え方の源、自己肯定感についても見直す

ここまで、心の無理・無駄の見つけ方、それを手放すことの重要性、さらには「手放す際に自分以外の力を利用する、自分の力をあてにしない方法」についてお話ししてきました。

その一部でも「なるほど」と思えた人の中には、自己肯定感が低いと自覚している

人も多いはずです。私もその一人です。

日常生活の折々に、そのように自覚するのは、つらいことです。自分で自覚できてしまう自己肯定感の低さを、何とかしたいと考えているなら、それはよい傾向です。

そもそも〝自己肯定感〟とは、自分次第という側面が大きいもの。ですから、それを高めるのは決して難しいことではありません。本当です。そのための方法をお話しします。

いい人であることを意識的にやめてみる

周りから「いい人」と言われる人がいます。もしあなたが、そう呼ばれることが心地よいのであれば問題ありません。（リラックスゾーン）。また「そのように呼ばれよう！」と行動することに意欲があるなら、そのままでよいと思います（チャレンジゾーン）。

しかし、胸に詰まるものを何かしら感じていたり、釈然としていない場合（ストレスゾーン）、「いい人」である必要はまったくありません。いい人でいようとするほど、実は残念な結果を招いてしまいます。「いい人と思われたい欲」を手放すことができれば、生きていくうえで、ある意味最強でしょう。もちろん私もこの欲を１００％手放せている、とはいえません。まだまだ修行中です（笑）。

「皆に好かれる」と「誰にも嫌われない」は別物、と認識する

あなたの人生における最優先事項が、「人に好かれること」「いい人だと思われること」になっていませんか？

「（幸せを犠牲にしてでも）いい人であろう」とする人は、皆に好かれようとします。

「好かれる」「愛される」といえば聞こえがいいですが、嫌われたくないだけなら、嫌われないために相手の言いなりになってしまいます。皮肉な話ですが、それでは自分をわざわざ縛って、自由を手放していることになります。

「皆に嫌われているわけではない」ぐらいでちょうどいい

誰もが自分のことを嫌っていると感じることがあるかもしれませんが、それは十中八九、大げさな話です。もとより、好かれる、嫌われる、どちらもかなり極端な感情です。このどちらかに振り分けようというのが、そもそも無理を強いる考え方です。

目指すべきは**「皆に嫌われているわけではない」**あたり。全員と、あなたが無理して接する必要はありません。第一、そんなことは誰でも続けられません。

あなたのコミュ力は？

自分では自分のことは、なかなかわからないものです。よく、コミュ力、という言葉が使われますが、自分のコミュ力をこき使わなければ、自己肯定感を気にする必要はなくなるかもしれません。

リラックスして過ごせる人間関係、これはよいでしょう。少し頑張ってしまうけど前向きな気分で臨めるチャレンジな人間関係、これも素敵です。ここまではストレスなく接することのできる人たちです。

さて、あなたの普段の生活で、ストレスなく接することのできる人はどのくらいいるでしょうか？

「ストレスなく接することのできる人」が、あなたの周りに、3割もいれば十分でしょう。逆にいえば、7割くらいの人をうっすら嫌いなわけですが、それでも十分に立派な大人の態度で生活できていると思います。

「ストレスなく接することのできる人」が、周りに5割いれば、あなたは周囲の人に寛大な偉人です。**7割いれば、あなたはもう〝コミュニケーションの達人〟**です。

こうした表現は、ある思想家の受け売りなのですが、日々の人づきあいにおいて心を軽くするのに大変役に立つものです。

まずは〝自分〟に対するいい人をやめる

もしあなたが「誰にも嫌われたくない」と考えているのだとしたら、恐らく普段の生活は周りの人に気をつかって、気持ちをすり減らすものになっているはずです。**自分の人生を取り戻すために、もっと自由になる必要があります。**もちろん、急に変われるわけではないでしょう。だから、誰かに「あなたのことが嫌い」と告げろ、などとは言いません。

実はこうしたことはほんの少しずつ、ちょっとずつ変えていくことが大事なのです。

時間をかけて、自分への負担を軽減しながら進める4つの方法について、お話ししたいと思います。

① 自分の常識から少しはみ出す 「いつもとは別」を選ぶ法

あなたがとらわれている常識を崩すことは、簡単ではありません。しかし変化を起こしさえすれば、それが小さなものでも、少しずつあなたの行動を変え、やがて大きな変化になります。**多くの人は一度に（短期に）大きく変えようとしすぎ**です。そのことが変化を難しくしています。初めは驚くほど小さくてよいのです。

○飲み物を、まだ買ったことのないものに変える
○入ったことのない店に入ってみる
○読んだことのない本を読む
○普段は聞かない種類の音楽を聞いてみる

何度もお伝えしますが、自分の力だけで変わろうとする必要はありません。ひとり

でにスムーズに変化できるように、自分に少し変化を与えてやる、それだけでいいのです。

② 7割できたら自分を褒める　ハードルを下げて自画自賛する法

「完璧主義者」という言葉を〝褒め言葉〟と捉えているうちは、自己肯定感など上がりません（そう思える人は既に十分、自己肯定感が高い人です）。仕事だけでなく、**人間関係においても100点を求めることは、そもそもゴーマンな態度です。**

周囲の7割の人にストレスを感じない、でいるためには、周囲に優しくなる必要があり、そのためにはまず自分へ向けた完璧主義を改める必要があります。**自分が頑張っているのに、相手が頑張っていないと腹が立ちかねないので、まずこちらが先に手を抜いておくわけです。**

ただ、真面目な人はなかなか手を抜けないもの。完璧でないとモヤモヤします。大事なことは「7割できたら自分を褒める」と決めておくことです。Facebook創始者であるマーク・ザッカーバーグの名言に「完璧であるよりも終わらせることのほうが大事」というものがあります。大変いい言葉だと思います。

7割できたら「すごい！ 今日はご褒美が必要かも」。これくらいの感覚でよいのです。普段から「7割でまず褒める癖」をつけましょう。

ランニングでも、一般的に目標距離の7割あたりから苦しくなるとされています。7割も（！）クリアしたのに、いつのまにか自分への期待値を上げすぎて「ゴールできない自分＝ダメ人間」であるかのように思い込んでしまう人もいるようです。

自分がチャレンジゾーンな気分でいられるかを確認し、ストレスを感じるなら、ペースをうんとゆるめて、歩いていきましょう。

もっとも仕事などで「続けないといけないこと」もあるでしょう。その場合、**自分が本来以上に頑張っているという事実をしっかりと受け止めてください。**

「完璧には至っていない」と自分を責めるのではなく「もう、こんなにもやっているのだ」と素直に褒める。自分自身を肯定してあげる。

そんな営みの繰り返しが、あなた自身の自己評価を上げて、やがては大きな変化へと導きます。

コップの中の水を「もう半分しかない」と考えるか、「まだ半分もある」と捉えるか。それはあなた次第であり、こうした考え方の変化は、普段からの小さな心がけで変えられるのです。

③ 自分勝手とワガママを使い分ける

正しくワガママになる法

「ワガママになれ」と言われると、なんだか怖い気がするものです。

それは、「ワガママ」と「自分勝手」を混同しているせいかもしれません。

「自分勝手」とは、他者を考慮せずに行動する態度。

一方、**「ワガママ」とは、自分の意見を一度ははっきりと言う態度**です。

皆でお昼ご飯を食べに行く機会があったら、自分の食べたいものを伝えてみましょう。「インド料理は少し苦手」という友人がいたとしても、あなたが食べたいなら、たまにはつきあってもらいましょう。友人も普段食べないものを、たまに食べてみるのはよい機会です。あなたとのランチをきっかけに、彼がインド料理の美味しさに目覚めたら、感謝されるかもしれませんよ。

もちろん「結局、パスタに落ち着いた」ということもあるでしょう。「友人のほうがはるかにこだわりが強くてびっくりした」ということも、よくあるもの。それでもまったく構わないじゃないですか。自分に「意見を尊重してあげたい友人」がいることを喜びましょう！

重要なのは、相手に勝つことなどではありません。あなたが「自分なりの意見を言えた」という事実です。「自分の意見を伝えないまま（＝主張をしないまま）のモヤモヤ」はなくなりました。それは素晴らしいことです。一方「自分勝手」というのは「何が何でもインド料理を譲らない態度」です。

その場合、みんなはちょっと困ってしまいますよね。

「ワガママ」と「自分勝手」には大きな違いがあると、ぜひ覚えておいて下さい。

インド料理を食べる機会なんて、またあるでしょう。友人の好みを知ることだってできました。もう、いいことしかありませんね。

4 約束の延期を相談する

自分の気持ちに正直になる法

友人との約束を楽しみにしていたとしましょう。でも、当日になって突然、体調を崩したり、気分がのらなかったりした経験はありませんか？　急な腹痛、頭痛、発熱、精神的なつらさ……。健康にどんなに気をつけていても、調子の悪いときはあるものですよね。

もしかして、あなたはそんなときでも、約束を果たそうとしていませんか。そんな経験があるなら、**それはあなたが〝いい人〟だから**です。これは、自分でも気づかないほど人に合わせる人に共通していることです。

でも、体調がすぐれない、または気分が落ち込むなら、延期ができないか相談してもいいんですよ。出先で悪化し、倒れてしまったら大変でしょう。気分もより沈んでしまうかもしれません。

たとえその約束が「その日しか開催されないイベントに行く」など、貴重な予定であったとしても、控えるほうが賢明です。なぜなら、相手の体調も崩してしまう可能性が高いから。気分がのらないのは風邪の兆しかもしれません。

あなたが風邪をひいていたとしたら、相手にうつしてしまうかもしれないでしょう（もちろん、そのほかの多くの人たちにも！）。取り越し苦労に終わっても、「なんでもなかったのに迷惑かけた……」ではなく、「たいしたことなくて良かった」、「ちょっと心が大変なだけで済んでよかった」ぐらいに考えましょう。そのくらい自分に優しくあることは正義なのです。

「体調が思わしくないときは、外出を控えて休養する」、そんな優しさを私たちはすでにコロナ禍で学びましたよね。「体調の急変を打ち明けると、がっかりされる」、そんな風潮が少し和らいだのは、不幸中の幸いでした。

もう一つ、この際なのであえて言わせてもらいますね。**体調不良だとすら伝えにくい相手とは、おつきあいを考え直したほうがいい**でしょう。

○あなたが完璧でなくていい理由

自分が完璧でないことを、自分のせいにしたり、あるいは他者と比べて自己肯定感のジェットコースターを味わったりする必要はありません。

気持ちの浮き沈みが激しいと、気づかぬうちに心に負担をかけてしまうものです。

例えば、血圧や血糖値は乱高下が激しいと、体によくありませんよね。それとよく似たこと。メンタルにおいても、自己肯定感の激しい乱高下はストレスとなり、あなたを少しずつむしばみます。

つまり心の動きの極端な乱高下も、あなたにとっては無駄なことなのです。

あなたは、もっと自由に、あなたの気持ちを優先して、無理・無駄を捨ててしまって構わないのです。そのほうが、必ず幸せになれます。

なぜなら、**あなたにとって大事な人は、あなたが完璧でなくても、きっと、あなたを愛してくれる人だから**です。

逆に、**あなたに「完璧でなければいけない」と迫る人は、あなたにとって大事な人ではありません**。ですから、あなたは完璧である必要などないのです。

3章　関係

あの人が変わることを期待してはいけない

○いい人ほど損をする

～あなたの〝いい人さ〟につけこんで得しようとする人たち～

先ほど「いい人ほど頑張りすぎてしまう」というお話をしました（53ページ）。頑張りすぎてつらいとき、特に困るのは、そんな〝頑張り屋さん〟であるあなたをうまく利用しようとする人たちです。

あなたの〝**謙遜**〟を利用して、マウントをとってくる人。
あなたの〝**遠慮**〟を利用して、あなたから時間や労力を奪う人。
あなたの〝**努力**〟を利用して、自分は手を抜く人。

「頑張っているのに成果が出ない」、そんな場合は周囲に、「あなたの頑張りを吸い取っている人」がいるのかもしれません。
ひょっとしたら、あなた自身、そのことにすでに気づいているかもしれませんね。
ではあなたは、ずるい〝あの人〟に、なぜ奉仕してしまっているのでしょう？

それは〝あの人〟からのお返しを心の奥底で期待しているからですよね。
「いつかあの人の気が変わって、私にお返ししてくれるはず」
もしかして、そう考えてはいませんか？

人を変えようとしない、変わることを期待しない

『嫌われる勇気』で有名なアドラー心理学をご存じの方も多いはず。実際に読んだ方もおられるかもしれません。

タイトル通りに受け止めれば、嫌われることを恐れるな、なのですが、これは怒らせることを恐れるな、と言っているわけではありません。

この章に即して言えば、**無理に好かれようとは思うな**、ということです。

アドラー心理学は、他者に期待するな、他者に影響を与えられると思うな、つまり、自分が影響を与えられるのは自分だけであり、だからこそ、「私」がいかに生きるかが重要なのだ、と教えています。

この教えを心に留めて、話を元に戻しましょう。

いい人は、自己中心的な人たちに対しても親切に行動する傾向があります。いい人は他者が自分の善意を理解し、同じように行動する、いつかは報いてくれることを期待します。しかし、これでは期待の落とし穴にハマってしまいます。善意が報われるとは限らないという事実を前に、いい人は疲弊しながら、いっそう尽くしてしまうのです。

この問題への対策は、**他者に対する期待を捨てること**です。私たちは自分のコントロールはできますが、他者をコントロールすることはできません。だから、他者からのお返しを重視する代わりに、自分の行動が自分自身の価値観と一致しているかどうかを重視すべきです。

そうすれば善意の行動がたとえ他者に利用されても、失望することなく、自分自身の信念と一致していることに満足できます。燃え尽きずにすむのです。

アドラーも言っています。その人を水辺に連れていくことはできる、しかし水を飲んでくれるかどうかは、その人次第である、と。

これは決して善意が報われないという意味ではありません。自分の善意を他者の反応から独立させ、自分の価値観に基づいて行動することで、自分自身の幸せと他者の立場を守ることができるのです。

自分の価値観に基づいて行動し、過剰な期待を放棄することで、精神的な健康を保つこと。これがアドラー心理学が私たちに教える、善意の限界とその管理法です。私たちの大きな問題は、「思い通りになるはずだ」、あるいは「想像した通りに愛してくれるはずだ」という過剰な期待を持ってしまうことです。

人間関係の極意は**「人に変わってもらおうと期待しないこと」「人を変えようとしないこと」**です。先の言い方だと、「人に無理を強いないこと」ともいえます。

相手はひょっとすると、遠くない未来で〝いい人〟に変わってくれるかもしれません。でも、もしかすると変わらないかもしれません。

もう一度言いますが、そういった**未来への期待や不安をもとに、〝いま〟を犠牲にするなんて、もったいなさすぎます。**

「自分以外の人間は変わらない」、この考えは寂しく、時につらい考え方かもしれません。でも、あなたが幸せになるには絶対に必要な考えです。

「頑張りを吸い取ろうとする人」に、自分はどう接すればよいのか。そう考え始めることこそ、幸せへと近づく道です。

○あなたと合わないのは、あなたのせいではない

「自分のせいにしない」ことの大事さは、これまでにも何度か申し上げた通りです。

人間関係においても他者を変えようとしない、つまりは、他者が変わらないのは、自分のせいだと考えるべきではありません。

「あの人が振り向いてくれないのは、私のせい」

「あの人の機嫌が悪いのは、私のせい」

「うちの子が言うことをきかないのは、私のせい」……。

あなたが気を遣うべきときは、相手も同じく気を遣うべきときであり、お互いに気を遣ってもうまくいかない、ということはいくらでもあります。人それぞれ、考え方は違うものです。

「相手に期待しないこと」は、「相手を変えようとしないこと」であり、「相手を変えようとしないこと」は、「相手を尊重しようとすること」です。

つまり、相手に期待しないことは、冷たい態度でもあきらめた姿勢でもなく、相手を尊重したつきあい方なのです。

人間としての成熟とは「期待しない」こと

先ほどは、アドラー心理学の視点から「他者に過度に期待しない」ことの重要性についてお話ししました。自分自身の行動と感情の支配権を保つことの意義と、それが自分の精神的な健康を維持するコツであることを説明しました。しかしこの視点は、単に他者への失望を防ぐための防衛策ではありません。ここでは、その理解をさらに深め、他者に期待しない態度が人間関係における尊重と成熟の表現であることをお話しします。

まず、他者に期待しないという態度は、確かに自分を保護する効果があります。期待と失望は密接な関係にあり、期待を持たないことで失望の可能性を最小限に抑えることができます。しかし、この考え方の本質は実はもっと深いのです。

私たちが他者に何かを期待するとき、それは意識的であろうと無意識的であろうと、他者に何かをさせようとしています。反対に、他者に期待しないという態度は、**他者の自由を尊重し、自分の欲求や価値観を押し付けることなく、他者をありのままに受け入れる**ことにつながります。

さらに、その態度は、人間関係の中での成熟を示すものです。人は自分の行動をコントロールできても、他者の行動をコントロールすることはできません。他者に期待することは、間接的に彼らの行動をコントロールしようとする試みともいえます。だから、他者に期待しないという態度は、他者の自由を尊重し、自分の行動だけをコントロールするという、**成熟した態度**にもなるわけです。

他者に期待しないという態度を持つことで、私たちは自分の行動と感情を正しく保つことができ、同時に他者の立場と自由を守ることができるのです。

親しい仲であっても、それぞれの考え方を尊重し、どちらも正解だという大人な態度があなたの心を軽くします。たしかに、時には「いくらなんでも、それはあんまりだ」と思うこともあるでしょう。

私は、その腹立たしさまで禁じる必要はないと思います。

でも、だからこそ他者に対しても、寛容であるべきだと思っています。

「どうしても許せない」「あの態度変わりはあんまりだ」

そう感じられても「何かしら事情があるのだろうな」と考えること。

相手を許せなくても、自分の気持ちをほどいて手放せば、自分の心を救えるのです。

あとは、そっと距離を保って離れるのが大人の態度というものです。

◎「推しとは距離を保つ」という友人の教え

以前、ネット記事で「アイドルとファンが結婚した」という記事を読みました。

ある男性は、ある女性アイドルの熱心なファンでした。そのアイドルが引退したあと、交際をスタートさせ、なんと結婚に至ったとのこと。

私はこういうこともあるのだなと思い、推し活に熱心な友人に「推しとの結婚は、ファンとしての究極の夢ではないか？」と、ぶしつけな質問をしたことがあります。

ところが、友人の答えは「ＮＯ」でした。

彼が言うには、友人、同僚、家族など、いずれも**親しくなったり日常的に接するようになった相手には、うっすらと腹が立つ**ようになるのだそうです。

一般的には、相手との距離が、近くなるほど仲よくなる、と想像します。

しかし彼は、「距離のあるうちは、みんないい人に見えるけれど、距離が近くなると、色々とズルいところや勝手なところが目について、モヤモヤと腹が立つ」というのです。それも例外なく……。

生活を送るうえでは、同僚や家族など、どうしても距離が近くなる人たちがいます。ですから、彼は**人間関係とはある程度、常に腹立たしさをうっすらと含んだもの**と考えているそうです。

そんな彼にとって推し活は、距離を保っているからこそ、純粋に楽しめるものであり、「必要以上に親しくなろうとは思わない」とのことでした。

私は、「なんと大人な態度だろう」と思いました。

彼は間違いなく、人生を楽しむことに真剣に向き合った達人だと思います。（彼はこれ以外にも尊敬すべきところがたくさんある、私の大切な友人です）。

卒業は感謝と共に

人間関係にだって〝卒業〟は必要です。いつまでも、その関係にとらわれるのは留年するのと同じです。私たちはいやでも前に向かって進んでいかなければいけません。

どのような人間関係も、時間と共に変化していきます。

時には適切な距離感を維持することが難しくなることもあるでしょう。

そうした場合、〝卒業〟する時期が来ているのかもしれません。


アイドルとファンの関係でも、アイドル自身が卒業することもあるし、アイドルの路線変更やスキャンダルのために、ファンを卒業することもあるでしょう。

また仲のいい友人でも、生活環境が変わることで、価値観がすれ違っていくことはよくあること。

夫婦であっても別れはありますし、親子でも、ときには離れることが必要です。


いずれの場合も、**相手に対して「どうあるべき」と求めないこと、相手から必要以上に「どうあるべき」と求められないこと**が重要です。

「どうあるべき」を一方的に押しつける関係は、あっという間に〝負債〟になります。

それは手放さなければなりません。

つまりは〝卒業〟です。人は卒業を繰り返しながら人生を紡いでいきます。

重たい縁にとらわれている人は、恐れずに卒業を考えましょう。

また人づきあいが長く続かないことを憂えている人は、ある意味〝卒業〟はできているわけですから、むしろ自分をうんと褒めてあげるべきです。

なぜなら、また新しい人とつながることができる、そういう人になれたのですから。

ＳＮＳは単なる道具と考える

新たなつながりを見つける道具として、ＳＮＳはもう一般的なものとなりました。マッチングアプリでカップルになる、そんなこともいまやありふれたことです。

とはいえ、ＳＮＳやアプリを敬遠する向きもあるでしょう。人と道具には相性がありますから、**「自分に合わない」と感じたら距離を置くのも一つの手**です。

ただ私は個人的には、こうしたサービスも悪くないと思っています。

その理由は「ネットやデジタルが特別に何かに優れているから」ではありません。

人とのつながりや出会い、そして〝卒業〟をためらうべきではないと考えているからです。だから、その方法もまた、否定したくはないのです。

「自分には合わない」と思い込むことで、つながりや、出会いが遠ざかるようなことがあれば、私たちは卒業できずに、つらい関係に束縛されてしまいます。

○人間関係の「距離感」も教養

私たちの心は、まったく同じ人に対してもリラックスゾーン、チャレンジゾーン、ストレスゾーンを行ったり来たりするものです。

自分の心が、いまどのゾーンにあるのかを感じ取り、適切に近づいたり離れたりすることは、決して自分勝手なのではなく、お互いにとってとても有益です。

ＳＮＳやアプリを適切に使えるのと同じで、**「交流を適切な距離感で楽しむこと」は、これからの世の中を生きていくための必要な教養**だとさえ思います。

SNSに疲れてしまうのはなぜか

ＳＮＳを始めよう、そう思った人はチャレンジゾーンにいるのだと思います。

うまくリラックスゾーンで楽しめている人もいるでしょう。

しかし、ＳＮＳはなぜか疲れてしまう、そんな人も多いはず。

そういう人はストレスゾーンにいるわけです。


ストレスになる理由は、ＳＮＳが、ただ会話を楽しむだけのツールではなく「自分を見せること」「相手を見ること」に強く傾きがちだからです。

人は、相手の様子が気になるもの。そして、自分をよく見せたいものです。

この「見たい」「見せたい」という欲求のために、私たちは、ＳＮＳに強く惹きつけられます。だからX（旧Twitter）よりもインスタが、インスタよりもTikTokが人気になるわけです。しかし、この**「見たい」「見せたい」はかなり危険な欲求**です。「もっと見たい」「自分をよりよく見せたい」になり始めると、歯止めがきかなくなるからです。

○他者を羨む自分を見続けることになる

ある社会心理学者[※4]によると、私たちは、自分を知ろうとして他者と比べてしまうのだそうです。もしそうだとすると、**まじめな人ほど自分を知ろうとして、余計に自分を他者と比べてしまう**でしょう。まじめな人は、他者と比べ続け、「自分はなんてダメなんだ」と悩むことになります。

SNSで、他愛のない会話を楽しんでいるうちはいいのです。

しかし、他者の様子を「もっと見たい」と思い始めると、注意が必要です。

人は、どうしても自分を他者と比べずにはいられない生き物だからです。

他者と比べてもいいことなど何もありません。ついには、負けじと自分を盛り始めてしまうのがオチでしょう。そうなれば、**あなたの人生は、無駄を手放すどころか、無駄に飾った人生まで背負わなくてはならなくなります**。

そうなると「正直に本音で飾らず話すこと」や「自分を助けたりサポートしてくれる人とつながること」は難しくなってしまいます。

あの素敵な人は実在するのか

SNS上には、多くのSNSセレブがいます。彼（女）らの華やかさは、しかし一面にすぎません。

彼（女）らは、その一面を作り出すために、大変な努力、苦労をしています。よいイメージを保ち続けることがいかにつらいか、多くの芸能人が嘆いているのを、あなたも一度は見聞きしたことがあるでしょう。

お金も名誉もある著名人が、体調を崩して休業したというニュースは珍しくありません。

多くの人々の協力によってなりたつ芸能人でさえつらいのですから、一般人が**魅力的な様子を発信し続けるのは、とてつもない苦しみ**でしょう。

実際、自分を飾り立てるために嘘をつくまでに追い込まれ、事件になってしまうSNSセレブも後を絶ちません。ですから、こうした苦しみには近づかないでおくべきです。

コペンハーゲン大学が行った実験[※5]でも、ＳＮＳを使わなくなると幸福度が増すという結果が出ています。

繰り返しますが、**ＳＮＳを適切に使って「交流を適切な距離感で楽しむこと」はよいこと**です。でも**「もっと見たい」「自分をよりよく見せたい」という自分の欲求に気づいたら、要注意**だと思ってください。

4章　モノ

心の整理は、ペットボトルを捨てることから始まる

モノが心に与える影響を甘く見てはいけない

〝モノ〟は〝心〟と同じぐらい、扱いづらいものです。

〝モノ〟についても、私たちは過去と未来に縛られてしまいがちです。

モノは何かにつけてすぐに増えていくもの。私たちは、モノに囲まれると「それを持ち続けるかどうか」をよく問いかけます。

勢いよく捨てたことを、あとから後悔する。そんな経験は、誰だって繰り返したくないものです。

「これを捨てたら将来、後悔するかも」

そう思うと、なかなか捨てられなくなります（私もそうです）。

いまはまったく必要がなくても、大金をはたいて買ってしまったために、無駄にしたくないという一心で「未来に必要になる」と言い訳して、捨てられずにいることも珍しくありません。だから、家にはモノがどんどんたまっていくのです。

でも、現代では「多くのモノを持っている＝豊か＝幸せ」とは限りません。

モノを多く持っていることで、デメリットも生じます。

不要なモノが増えることで、自宅のスペースが占領されていくだけでなく、実は私たちの心も次第にむしばまれていきます。精神的に消耗するわけです。

◎〝ゴミ屋敷に住む健やかな人〟なんていない

「モノは部屋だけでなく心のスペースも消耗する」

この原則はよく覚えておいてください。

モノ（ときにゴミ）が増えるのは、多くの場合は〝面倒〟だからです。

「片づけるのが面倒」

「捨てるのが面倒」

「ゴミの日を覚えておくのが面倒」

「粗大ごみ券を買って役所に回収依頼の電話するのは、とてつもなく面倒」

「そもそも、コレが必要だか何だか考えるのも面倒」

このように、面倒だとほったらかしにしていると、「片づけない＝ラクができている」と捉えがちになります。

そのラクさは、リラックスゾーンを意味するでしょうか？

私はいままでに2人の友人の部屋に、片づけの応援に行ったことがあります。

彼らは「自宅なんて汚くても、全然平気」と言います。

しかしそれは「きれいなほうがよい」けれど、散らかってい**〝でも〟**「平気」（＝なんとか我慢ができる）ということであり、正直に言えば、やはり不快なのです。**「不快」だけれども、「平気」という便利な言葉で自分をだましている**のです。

こうした「自分で自分をだます」という行動も、それが無意識である場合には思い込みの一種だといえます。そして、お話しした通り、思い込みは自分では気づきにくいもの。意外にも私たちは自分が「不快」であることに気づけていません。しかし無意識のうちには不快に感じているのです。

「散らかった部屋に住むこと」の悪影響は、直接的な不快感よりも、この**「平気」と**

いう言葉で自分をだまし続けるストレスによるものです。

本当は不快でつらいのに、その感情にフタをして「平気」と自分をごまかし続けているわけですから、参ってしまって当然です。

心は完全に「ストレスゾーン」にあります。だから、片づけましょう。

◎心の整理は、モノの整理から

「トキメクものだけを残す」という近藤麻理恵さんの「こんまり®メソッド」は素敵だと思います。しかしそれが使えるのは、あなたが散らかった部屋に対して「チャレンジゾーンな気持ち」でいられるときだけ。

そもそも、一つ一つのモノを「トキメクかどうか」確認していく作業は、かなり面倒です。

「面倒さ」を感じるとき、人は自ずと「ストレスゾーン」に入っていくもの。ですから、「こんまり®メソッド」には頼らず、別の手段を探してみましょう。

「修羅場テスト」 ～燃える家から何を持ち出すか～

「自分にとって必要なモノは何か」、それを確かめる方法があります。

あなたの家が火事になったと想像しましょう。手に持てる程度の大切なモノと一緒に、いますぐ逃げないといけないとしたら、とっさに何を選ぶでしょうか？

「こんまり®メソッド」のように〝トキメいている時間〟なんて、もちろんありません。

昔の人なら「通帳とハンコ」というところでしょうか。私の昭和世代の父や母ならそう言いそうな気がします。思い出の写真が詰まったアルバムが思い浮かぶ人もいるかもしれませんね。

私の場合、思い出の写真もグーグルフォトに入っているので、スマホ以外は何も持たないと思います。生活に必要なものなら100円均一のお店で買えますから。

このように**「いざとなったら、必要なものなんてそれくらい」**と考えておくと、モノを捨てるときにも、気分がとても軽くなります。

○実践！ ペットボトルテクニック

「万が一」のため、場合によっては「いますぐ」のため、散らかった部屋を片づける具体的な方法を知っておくのはよいことです。

人は**「何かを選ぶこと」がとても苦手**です。

例えば「片づける」作業を始めるとき、「何から手をつけるのか」という悩みひとつとってもそうです。

ささいなことと感じる人もいるでしょう。でもそんな〝ささいな悩み〟のせいで、部屋が散らかることがよくあります。

逆に言うと「何から片づけるか」というルールが決まっているだけで、ストレスがぐんと下がり、掃除に取りかかりやすくなります。

くだらないと思うかもしれませんが、この「ルールを決める方法」の効果は絶大なのです。

① はじめに家中のペットボトルを集める

ペットボトルのない部屋は存在しないでしょう。他のモノ・荷物・ゴミは放っておいて構いません。手近なビニール袋に徹底的にペットボトルだけを集めましょう。中身の残っているものも、すべて流しに捨てて袋に入れます（できれば洗ってラベルもはがしましょう）。

どうでしょう、それだけでもかなりスッキリしませんか？

そうなれば、さっきまでは手のつけようがなかった部屋の片づけが、1段階、確実に進んだことになります。素晴らしい！

ここで心の変化にも、ちょっと目を向けてみてください。

片づけに対して、あなたの心は「ストレスゾーン」から「チャレンジゾーン」へと移っているかもしれません。もしそうなら、しめたもの。この続きを読まなくても（他の章は読んで欲しいですが）掃除は続けられるはず。

変化がなくても大丈夫です。この後のステップに沿って、少しずつ片づけを続けるだけで十分です。

② 缶を集める

空いたビール缶、そのほかの空き缶を集めましょう。要領はまったく一緒です。手近なビニール袋にできるだけ集めます。それらは玄関や、あまり使わない部屋に集め、指定された日にゴミとして出しましょう。

③ 食べ物や生ごみなど、食べ物に関するゴミを集める

食べ残しや包装紙、そのほかなんでも集めてください。まだ食べられるものを捨てるのはもったいないと思うかもしれません。

たしかにそうです。それでもいまは、あなたの心が軽くなる方が大切です。

モノを大事にするあなたが元気を取り戻すこと、それが何より大事なのです。

④ 紙ごみ、燃えるごみを集める

紙くずや書類なども大量にたまっていたら、それらはとにかく「燃えるごみ」として捨てましょう。

「必要かも」と思う書類は、スマホで写真を撮りましょう。写真があれば後で後悔することもなくなります。

意外と手ごわいのが、雑誌や本の類です。

これらは「ビニール袋に気軽に放り込めない」というだけで、あなたの「部屋を片づけよう」という決心をくじきます。

でも大丈夫です。段ボール箱の中に放り込んでおくだけでＯＫです。

古本宅配買取サービスに依頼すれば、古紙回収の日まで待たずとも、〝いますぐ〟片づきます。

⑤ 衣類も集める

衣類はかなりの難敵です。

「新しい服を買い足しているはずなのに、いつも服がない」

「いますぐ着られる服がない」

「あの服が、この部屋の、どこにあるかわからない」

衣服はこうした「ないない問題」に発展しがちです。ないはずがないのに、脱ぎっぱなしになった服だけが山積みになって心が〝遭難〟している……。

このように、衣類とはなかなか手ごわいものです。

「服が片づかないことがきっかけで、元気を失っていく」こともよくあります。

ペットボトルや紙ごみなどと同様に、ビニール袋に詰めてしまいましょう。スマホで近くのコインランドリーを検索し、大きなゴミ袋に詰めた洗濯物を一括で洗い、一括で乾燥させます。そこまでできれば十分です。あとは袋に入れたままでもいいのです。清潔であれば、それだけであなたの心はずっと軽くなります。

ここまでにお話ししたことを実行すると、片づけは終わったも同然です。

ここまでくれば、「心まで整理された」レベルも、すぐそこです。

ここから先のルールは**「1年使わなかったものは、手放す」**です。

もしかすると、あなたは思いきって捨てたことを後悔した経験があるかもしれませんね。

しかし、いま、少しでも心を軽くすることを優先しましょう。

「修羅場テスト」（98ページ）で「どうしても持ち出そう」と思ったもの以外は、何とかなるものです。それ以外はまた必要になったときに用意すればよく、たいていのものは１００円均一などのお店で、手に入ります。

捨てたものを、すべて買い直すことになっても、それまでの間、部屋が、そして心が片づいていることのほうが、あなたにとって断然重要です。

○散らかった部屋にしないためのテクニック

玄関やトイレなど、わかりやすい場所に大容量のゴミ袋を多めに用意しておくと、非常に役立ちます。

「いまなら部屋を片づけられる！」という決心は、不意に訪れるもの。なかなか予測はできません。

でも、その瞬間に大容量のゴミ袋がなければ、それだけでヤル気が失せてしまいますよね。

ですから、**大容量のゴミ袋を目につくところに（できれば大量に）用意しておきましょう**。そして、「そのとき」を日々の生活の中で待ちましょう。もちろん、ゴミ袋を見る度に「なかなかその気になれない自分」を責める必要なんて、ありませんからね。

実際、この方法は、掃除を習慣化するのにも役立ちます。仕事技術で世界的に名を馳せたデビッド・アレンによると、「やらなければいけないこと」を面倒に感じるのは、「やらなければならない」とずっと考え続けるストレスのせいです。そして、これを克服する方法は、考えるのをやめ、思い出すきっかけを用意しておくことだそうです。

掃除であれば、いつも「ああ、掃除しなければ」と思い続けていることが、あなたを面倒にするわけですね。「いまやる必要はない」と忘れてしまいましょう。そして玄関にゴミ袋を置いておいて、家を出る準備をしているとき、「ああゴミを袋に詰めておこう」と思い出し、その時にさっと軽く掃除する。ゴミの日であればそのまま持って出る、それだけです。見れば思い出すように用意しておき、安心して、忘れてしまう。習慣化のコツはこうしたことにあります。

○買う決心だって簡単ではない

ここまでは、モノにまつわる過去の話、買った後の話です。

リラックスのために、心にスペースをつくるために、部屋にも物理的なスペースをつくる。言うなれば「モノを捨てるコツ」をお伝えしました。

つぎは、モノに関わる未来の話。**「モノを買うコツ」**についてお話ししましょう。

買い物といえば無駄使いのことばかり話題にされますが、買い物が苦手な人は、意外にも多いのです。

買い物とは、実はなかなか難しい営みです。

「すぐにいらなくなって無駄になるのでは？」

「ちょっと違った、と後悔するのでは？」

「そもそも本当に必要か？」

このように、「必要だ」「欲しい」という気持ちと、それを否定しようとする気持ちが〝せめぎ合う〟ことはよくありますよね。

そういうときは、**未来への不安から、現在を〝我慢モード〟で過ごしがち**ではありませんか？

いまは、買ったものを最も長く楽しめる瞬間

2つの気持ちがせめぎ合うと、「よし買おう！」と思いきれるハードルが上がってしまい、買い物に苦手意識をもってしまいます。そうなると、新しいモノと出会う機会がなくなり、人生そのものの彩りを欠いたり、場合によっては必要なモノまで買えなくなって苦しい思いをしたりします。こうしたつらい思いは避けたいものです。

こうなる原因は、やはり、未来が関係しています。**買い物が苦手な人は、未来を、満足と後悔のどちらかだと決めてしまいがち。**

満足するか、後悔するか、どちらかなのは当たり前じゃないか、ですって？

いいえ、人の心とはそんな簡単なものではありません。

誰だって、何を買っても、「買ってよかった満足」と「買わなければよかったという後悔」が、心の天秤の上でユラユラ、あっちに傾いたり、こっちに傾いたりします。

みんなそうです。

「買ってよかった」と素直に思えたら、とてもラッキーです。というのも、心は何かと後悔の側に傾きがちだから。私たちは、それを何とか満足の側に傾けようと、あれこれ理由を作り頑張ってしまいます。

「いざとなった時にないと困るから買ってよかった」とか。

「もっと安いアレよりも、こういうところが優れているので買ってよかった」とか。

「いまはピンとこないけど、いつか買ってよかったと思えそうだからよかった」とか。

3つ目は、だいぶ苦しくなりましたね。そんな苦しい言い訳を自分にした覚えはありませんか？　自分を責める必要はまったくありません。それは誰でもすることだから。

ひょっとすると、買い物が苦手だという人は、そんな言い訳を過去にたくさんした記憶に疲れてしまっているのかもしれません。

買い物した後で満足するか、後悔するかはユラユラするので予測などできません。にもかかわらず、「どちらだろうか」と気をもんでばかりいると、買い物を楽しめなくなってしまいます。

「はじめに」では、未来を心配し過ぎていまを無駄にしてはいけない、とお話ししましたね（29ページ）。これは買い物にも当てはまります。

「いまがこれからの人生で一番若い瞬間」という言葉がありますが、**「いまは、買ったものを最も長く楽しめる瞬間」**です。先延ばしにすると、楽しむ時間をどんどん減らしてしまいます。

本書ではこれまで、決心がつかない時には、チャレンジゾーン、リラックスゾーン、ストレスゾーンの３つに分けて考えることをお勧めしてきました。だから、買うか、買わないかも、３つの気分に分けて決めよう、と言うべきですが、ここでは、迷っているなら、買えるものなら、買っておきなさいとお勧めしておきます。そもそも買えないものは悩まないでしょう。

「やった後悔と、やらない後悔なら、やった後悔のほうがいい」という言葉があります。

この場合は「買った後悔と、買わない後悔なら、買った後悔のほうがいい」になるでしょうか。本来、買い物は楽しいもの。であれば、存分に楽しみましょう。３つに分けて考えれば、買った後の気分の整理も簡単です。それさえわかっていれば、先に進むことができます。

❶リラックスゾーン……買ったあとに心が晴れやかであるならば、心の天秤は満足の側に傾いているといえます。こんな素敵なことはありません。心行くまで楽しんでください。

しかし、間違わないでほしいのは、**「今回は当たりだった」などとは捉えない**

ことです。今回は当たりだった、と考えると次回は外れるかもしれない、という思いから、また重たいグルグル思考に陥ってしまいます。

大事なのは「満足できた」という結果ではなく、「買えた」「悩む時間を無駄にしなかった」「長く楽しむことができる」、という事実です。行動できた自分を褒めるべきです。

❷チャレンジゾーン……悩んだ末の選択は、ほとんどの場合、「満足しているとも、後悔しているともいえる」判別しにくいものです。

このどちらともつかない気分は、良くも悪くも、自分を少しはみ出している証拠です。そして本書では、**いつもの自分を少しはみ出す**ことを推奨してきました。ですからその状態は、自分によい変化が起きている兆しです。こうしたチャレンジゾーンは、あなたの成長に役立ちます。

せっかくですから、買ったものを積極的に、うんと楽しみましょう。

例えば、友人に買ったものについて話してみるのはお勧めです。友人と話すと、自分でも気づいていなかった「よさ」が口をついて出ることがあります。自分の心にはあっても、言葉にできなかった「よさ」が、人に話すことで自覚されるのはよくあることです。

❸ストレスゾーン……迷っているなら、買えるものであるなら、買っておきなさい、
その結果しっくりこなくても、自分に変化を起こす機会だから楽しみましょう、とお伝えしました。しかし、それでもあなたの天秤が後悔の側に大きく傾き、心を重たくしてしまいそうなら、それは見送るべきです。必ずもっといいものが見つかります。

この時に重要なのは、**「ああ、また買えなかった」などと自分を責めない**ことです。ここまでで、あなたにはやり遂げたことがあります。買い物したことを悩んで時間を浪費するのを避けられたことです。

あなたは、自分の人生の時間を無駄にしませんでした。

残念な気持ちも多少はあるでしょう。でも前を向けました。

自分を褒めてあげましょう。

5章　時間

あなたのその不安は、91・4％現実化しない

○ 未来を心配するのは、もうやめよう

未来を心配するのは、無意味で愚かしいことです。

何の利益もなく、自分の心を苦しめるだけだと言い切れます。実際、「未来への不安はほぼ現実化しない」という研究結果も出ています。

2020年にペンシルバニア州立大学で実施された研究[※6]に、大変面白いものがあります。29人の参加者にそれぞれ10日間にわたり、心に浮かんだ心配ごとを記録してもらい、それらに根拠があるかどうかを調べたそうです。

結果、心配ごとのうち最も多かったのは「まったく根拠のない心配ごと」でした。さらに「なんらかの根拠がある心配ごと」についても、30日間にわたって追跡調査をしたところ、その91・4%は実際には起こりませんでした。

この結果からわかるのは、**「私たちが日々心を悩ます心配ごとは、かなり的外れで、ほとんど現実化しない」**ということです。

心配ごとに取りつかれ不安にさいなまれている最中は、それがとてもリアルに感じ

られるものです。しかし、それはわき起こった不安が、そうさせているだけ。ですから「心配ごとの多くは無根拠で、悪い予測のほとんどはハズれる」という事実を知っておくと、うんとラクになります。

○私たちの心は、心配が現実化するわずかな可能性を無意識に探し続けてしまう

そうは言っても、私たちの心は、「不安」からなかなか抜け出せません。

「心配が現実化するわずかな可能性」を、心は無意識に探し続けます。そして、私たちはそれをまるで「確実に起こること」であるかのように受け止めてしまいます。

そうなると、私たちは「到底起こりえないような不安」を、「確実な未来」だと信じ込み、おびえてしまいます。**「取り越し苦労」で、人生を浪費してしまい、「いまを楽しみながら生きること」ができなくなる**のです。

これは、何とかしなければなりません。

○どうやって、91・4%の無駄な不安を無視するか

先ほどお話ししたように、「不安」の91・4%は無駄なわけですから、無視すればよいのですが、「心」にとってはそれはなかなか難しいこと。なぜかというと、心は不安にフォーカスしたがるからです。怖いとわかっているからこそ、ホラー映画を観てしまう。そんな経験はありませんか？

私たちの心は、**不安があることに気づくと、それをじっと見続けてしまう**のです。

実際、いま、あなたは「残りの8・6%」が気になっているはず。

「すべての心配ごとのうち、91・4%は無視してよい」と言われ、気持ちがラクになったはずなのに、今度は「残りの8・6%」が自分に当てはまるのではないか、と心配なのですよね。よくわかります。私もそうでした。

でも、それって、めちゃくちゃ疲れませんか？

そして、あまりに悲観的だと思いませんか？

楽しくないまま、いまを過ごす生き方なんて、やめちゃいましょう。

大げさに聞こえるかもしれませんが、**命の無駄遣い**です。

厳密に言うと「いま感じている不安」は、「未来の不安」ではありません。未来に対して、いま、わざわざ起こしている不安です。どうなるかわからない未来を変えることは大変ですが、「いま」ならすぐに変えられます。

つまりその不安は、いますぐ取り除けます。

◯「未来も、ほぼ100％大丈夫」

未来のわずかな可能性のせいで、いまの心が不安で一杯になるなんて不健康です。少ない可能性は、小さく心配したほうが当然合理的ですし、何より心を健やかに保てます。幸い、そのためのよい方法があります。

心のバランスを取り戻すテクニックなのですが、やり方は簡単。「いま」に集中して、不安な気持ちを次のように言い換えるだけです。

「未来も、ほぼ100％大丈夫」

この呪文は未来を追い払って、現在に集中するためのものです。

どんな物事も、どこを強調して表現するかで印象ががらりと変わります。そして、大きな意思決定にまで影響が及ぶこともあります。これを心理学では「フレーミング効果」と呼ぶのですが、この呪文はその応用です。

人が損得を感じる基準点をズラすと、価値の感じ方まで変わります。具体的な例を見てみましょう。

あなたは、次のキャッチコピーのうち、どちらを選びたくなりますか？

①購入者の90％が、効果を実感！
②購入者の10％には、効果なし。

きっと①のほうが選びたくなったのではないでしょうか。内容はまったく同じなのですが、このように、「事態をよい方向に促す商品」の場合、「メリット」を説明した①のほうが、心により響くのです。

広告にもフレーミングというテクニックは巧みに取り入れられているわけです。

私たちも、個人レベルでこうした小技をうまく活用していきましょう。

話を本題に戻しますね。

「未来も、ほぼ１００％大丈夫」という呪文のどこが「フレーミング」なのかというと、「心が無意識にフォーカスするポイント」をズラしている点です。

私たちは、ともすると未来ばかりを見てしまいがちです。つまり、**視点があまりに先すぎるので、心穏やかに過ごすためには、視点をときどき手前に引き戻さないといけない**のです。

「不安な未来」と、「確実な現在」を比べてみてください。後者のほうが、ダメージをうんと抑えられますよね。

「90%以上」というか、「ほぼ１００％」というかも同じです。

あなたは、自分自身がラクになるほうを選んでいいのです。

そもそも、フォーカスを自分の気持ちひとつで自由自在に変えられるなんて、素晴らしいことだと思いませんか。

（でも、思い込みがあると、それが途端に難しくなってしまうのです。人の心って複雑ですね）。

◎「考え事をしていたら、家に着いていた」そんな人は要注意

普段から、私たちの心は常に未来を捉えているので、現在についてはボーッとしています。

「帰宅中、考え事をしていたら、いつのまにか家に着いていて、どうやって帰ったのかよく覚えていない」

そんな経験はありませんか？（私にも何度か経験があります）。

それは「いま」を生きていないのと同じ。貴重な楽しみを、みすみす手放しているようなものです。

「そんなの、しょっちゅうだよ!」という人は、**考え事の比重が未来に移りすぎて、「いまを忘れること」が多くなっている**のかも。どうぞお気をつけくださいね。

こうした心の動きが癖として身についてしまうと、未来の心配に人生の大半を奪われ、味わうべき〝いま〟を失ってしまいます。

これは親しい精神科医に聞いた話ですが、悩みを抱えている人は**「何かいいことないかな」**というフレーズが、よく口癖になっているそうです。

つまりフォーカスが未来に向いていて現在にない。それが「しんどさ」の表れなのだとか。

そのような場合、「いいことが来る!」「いいことが起こる!」と、現在形の断定口調に変えると、フォーカスが現在に引き戻され、生活が充実しやすくなるとのこと。

現在への集中が、人生を豊かにするわけですね。

猫をなでる心理学者

あるカナダの心理学者が著書の中で、幸せになるためのヒントをいくつか挙げているのですが、その最後を「道で出会った猫を撫でる」で締めくくっています。

いま、可愛い猫にたまたま出会ったことに気を留める。

それを撫でて柔らかさや暖かさを感じる。

その猫と心を通わせ、優しい気持ちになる……。

そんな〝ちょっとした幸せ〟を見逃してはいけません。

いま、**確実にそこにある幸せを、しっかりと意識したい**ものです。

いま、手にしたカップから立ち上るコーヒーの芳醇な香りにうっとりしたり。

いま、目の前にいて他愛ない話をする人の幸せを願ったり。

いま、あびたシャワーの温かさに全身がほっこりする心地を感じたり。

いま、YouTubeで見つけたチャンネルのおかしさで心を一杯にしたり。

よくよく考えると、私たちの「いま」は楽しむことにずっと忙しいのです。ですから**「未来を心配している無駄な時間」などありません。**

○現在が残念な時ほど、もっといまに集中する

いまにフォーカスできるようになった場合、いまが〝台無し〟になったときは、失望をより大きく感じることがあります。

①「思っていたのとは違う状態」を、残念に思うか
②「予想しなかった出来事」を、ラッキーと思うか

一般的に、①の考え方をする人は、「予想した通りのことが起こってほしい」人ですから、未来に対するフォーカスがやはり強いといえます。

一方、②の考え方をする人は、現在の〝受容度〟が高い人です。総じて、こちらの

ほうが幸福度は高くなります。なぜなら、つらいときにフォーカスをより手前に引き戻すことができる人だからです。もう一度いいますが、未来など、どうなるかわかりませんし、心配ごとはほぼ１００％現実にはならないのです。

「フォーカスを手前に引き戻す」という小技は、誰でもすぐにできる、最も簡単にして最強のテクニックです。

例えば、マラソン大会に向けて毎日ランニングを続けているとしましょう。努力が思うように実らないときでも、「なかなかタイムが伸びない」とがっかりする（＝〝いま〟の状態を残念に思う）のではなく、**いま、大会に向けて走っていること自体を楽しむべき**です。健康な証拠ですし、何よりも体力ももっとつくのですからラッキーです。

言い換えると「ああではない」と嘆くのではなく、「いまこうである」を楽しむことが大事なのです。

子どもが何事も無邪気に楽しめるのは、どんな状況であろうと「いま」にフォーカスしているから。「ああではない」と別の「いま」をほしがったりはせず、「いま、こうである」を満喫しているからです。

つまり、**置かれた状況で、何らかの面白味を発見しようとする姿勢が大事**なのです。

○「いまやりたくない仕事」はどうするか？

仕事の場合も同じです。どうしても気持ちの乗らない仕事もあるでしょう。自分にとっても、会社にとっても、何かしら意味があるとは思えないような仕事もあるものです（いわゆるブルシットジョブですね）。

可能なら、それを避ける方法を考えましょう。担当を誰かと代われないか掛け合うのも一つの方法でしょう。あなたにとっては、つらい仕事でも、同僚にとっては「いまやっている仕事よりはマシ」かもしれません。

そうであれば、喜んで代わってくれるでしょう。たしかに、そんなに都合よくいかないかもしれません。でもそれがきっかけで、もっとよいやり方を教えてもらったり、業務を見直そうという社内の機運につながったり、「え、それってやらなくていいやつだよ」ということがわかるかもしれません。

最もまずいのは、**自分で「やらないといけない」と思い詰め、閉じこもってしまう**ことです。愚痴を聞いてもらうだけでもよいので、周りの人も巻き込んで、力を借りることは（あなたがストレスをためこまないためにも）重要です。

その上で、「どうしても避けられない」のなら、フォーカスをもっと手前に引き戻して楽しまなくては損です。「嫌だ」と思っていても始まりません。

嫌な仕事は、特に長く感じるものです。どうせ時間がかかるのであれば、その作業中に感じられる楽しみを早く見つけ、それを味わいながら仕事をこなすほうがいいでしょう。

また、「嫌な仕事」を次のように脳内でポジティブ変換することも、精神衛生上、大きなメリットがあります。

「仕事でミスをした」（ポジティブに言い換え↓）**「これは何か他の大きな失敗と引き換えに先取りしたのだな。この程度で済んでよかった！」**

「明日までにどうせ選ばれないアイデアを１００個考える」（ポジティブに言い換え↓）**「次の1個で人生変わるかも！」**

「たった一度の会議のためだけに、大量のコピーを用意する」（ポジティブに言い換え↓）**「これは疲れた脳を休ませるチャンス到来！」**

「会議室の８人の重役に、コップに入ったお茶を一滴もこぼさず出す、という至難の業」（ポジティブに言い換え↓）**「ミッション・インポッシブル！」**

これも、先ほどのフレーミングというテクニックと同じ。未来にフォーカスするのではなく、「いま」に集中しましょう。

先ほどの例で言うと、「この程度で済んでよかった」と状況に感謝したり、「チャンス到来」と捉えてみる。あるいは、「ミッション・インポッシブル！」とワクワクしてみる。

この「フォーカスを手前に引き戻す」小技こそ、自分自身の心を守る、最も簡単にして最強のテクニックです。

秘訣はすべて「いまを楽しもう」と試みること。無理は決してしないこと。

そして「私は、それが嫌なのだけど」と自分に言う代わりに、あえてその中に楽しみを見出すようにすると、楽しく感じられるものです。

「楽しんでしまえなんて、子どもでもあるまいし、ばかばかしい」

そう思われるかもしれません。しかし、人生には避けられないこともあるとご存じでしょう。

避けられそうにないことを、なんとか避けようともがき続けるより、楽しみながら乗り越えるほうがいいですよね。

それが、大人の知恵でしょう。

「時間とは長さ」と思っている人は多いものです。でも、実はそうではありません。

多くの人が、**「時間」を数値化された「長さ」「量」として考えがちですが、実は非常に個別的で主観的なもの。**まずはその原則を心に留めておいてください。

私たちは、過去でも未来でもなく、いまにしか生きられません。
終わった過去や、まだ見ぬ未来に心をとらわれる癖からは卒業しませんか。

6章　お金

未来を豊かにする お金と幸せの秘訣

○老後の「2000万円足りない」は本当？

「２０００万円足りない」という金融庁のレポートが、２年後には「40万円余る」という内容に更新されました。この出来事こそ「未来の予測がいかに不確かでコロコロと変わるか」を教えてくれる、わかりやすい例でしょう。

「過剰に心配してもしょうがない」という私の助言にも、納得いただけるはずです。

２０００万円問題を深掘りするのは本書の目的ではありませんが、ひとり歩きしてしまった「２０００万円足りない」という映画にまでなった言葉に不安をつのらせた方もいるでしょうから、少しだけ取り上げてみたいと思います。

お金の話がしんどい方は、この章は読み飛ばしても構いません。

「足りない」とされた２０００万円の根拠とは、いったい何だったのでしょうか。

２０１９年夏。「老後資金２０００万円が不足する」という金融庁のレポートが公表されて、日本中に大きな反響を呼びました。

その「２０００万円足りない」という試算の根拠は、総務省による２０１７年の家計調査です。計算式は次の通りです。

【「２０００万円足りない」の根拠】

全国の高齢者世帯の毎月の平均収入……約21万円
全国の高齢者世帯の毎月の平均支出……約26万５０００円
収支……約26万５０００円－約21万円＝約５万５０００円
つまり約５万５０００円の赤字
赤字が30年間続いた場合……約５万５０００円×12か月×30年＝１９８０万円
つまり約１９８０万円の赤字

したがって**公的年金を収入の軸にした場合は、30年間で約２０００万円不足する**、というわけです。この「２０００万円」という金額の大きさに、多くの人々が驚き、各方面で話題となりました。

では、いったいなぜ、２年後には「40万円余る」ことになったのでしょうか。

まず、最新の２０２０年総務省家計調査を見てみましょう。

【「40万円余る」の根拠】

それによると、高齢者夫婦で無職の平均的な世帯の収支は毎月約１１１０円の黒字となっています。

夫婦合わせての収入……25万６６６０円（年金21万９９７６円を含む）
夫婦合わせての支出……25万５５５０円
収支……収入・約25万６６６０円－支出・25万５５５０円＝１１１０円
黒字が30年間続いた場合……約１１１０円×12か月×30年＝39万９６００円

約40万円の黒字になったのはなぜか。その理由として次のことがいえます。
大きな要因がコロナ禍です。コロナ禍のため、多くの人が外食や旅行を控えました。
特別定額給付金（10万円）を受け取った人も多いはずです。
次に、統計のとり方の問題もあります。

過去の統計では「65歳以上の夫と60歳以上の妻」をベースにしていましたが、２０２０年から「共に65歳以上」に変更されています。

それにより「厚生年金を受給している妻の割合」が増えた点も、考慮に入れねばならないでしょう。

「10万円の給付金」を受け取っていなくても、コロナによる自粛や統計のとり方の変化で、黒字にはなりそうですよね。

「２０００万円の赤字」から「40万円の黒字」へと未来予想が一転した理由はおわかりいただけたかと思います。つまりは**「現時点での収支」で30年間分を、エイヤとまとめて試算をしただけ**なのです。

人はその時々に合わせ、やりくりをしながら生活していくものです。

データを見ると、現に２０１８年と２０２０年では生活費が１万円も節約されています。

１か月単位で考えると「たった１万円」かもしれません。ですが、これが30年も続けば、合計では30年間では３６０万円の節約になります。

目安なので仕方がないとはいえ、こうした計算は少々雑に感じられます。しかし、経済の専門家でも、未来を予測するとなると、ざっくりした計算にならざるを得ないのです。未来とは、それほど正確に考えようがない、よくわからないものなのです。

事実、年ごとに予測が赤字になったり黒字になったりするという、ややこしい顚末となりました。私たちとしては、ハラハラさせられるばかりです。

大げさに言ってしまいがちな金融庁の事情

さまざまなデータを見ていると、日本の「家計金融資産額」は、世界的に見てもかなり高い額です。「資産を現金で持っている額」（＝タンス預金）もかなりのもの。

実は、日本のタンス預金率は、ダントツで世界1位です！

つまり、お金を持ってはいるけれど、投資に回したりはせず、現金で大切に持っている傾向が非常に高いのです。それは日本人の慎重な気質のせいでもあるでしょう。

だからこそ景気回復のために、金融庁はどうにかして株などを買わせたいのです。**「投資で資金を増やさないと老後に困りますよ」と国民に伝えた**のは、そのためでしょう。

「ただ貯めること」も、実は無計画でしかない

金額は生々しいリアリティがあるもの。だから「２０００万円足りない」といったネガティブなメッセージは、未来に対する大きな不安を抱かせます。

しかし、**未来に不安を感じて「やみくもに倹約する」というのも、実は〝無計画な行動〟**です。なぜなら、倹約しすぎると、生活の潤いも精神的な余裕も無くしてしまうからです。

「いまを楽しむこと」を自分から取り上げるなんて、もったいないですよね。

◎富裕層3万世帯調査をのぞいてみたら

では逆に、「お金を十分に持っている富裕層」はどのようなお金の使い方をしているのでしょうか。そこには、お金の使い方のヒント、さらには、お金の貯め方のヒントがあります。

元野村證券の経済コラムニスト、大江英樹さんの『となりの億り人　サラリーマンでも「資産1億円」』（朝日新書）というベストセラーをご存じでしょうか。

大江さんは、3万人以上の投資家の資産運用を担当してきた方で、富裕層のマインドがリアルに紹介されています。

タイトルからして私たちには関係なさそう、と思うかもしれませんが大変学びが多く、お勧めです。この本には「億り人」（1億円超えの資産を築いた人のこと）のエピソードが多く出てきますが、共通しているのは、次の姿勢です。

「好きなことには、積極的にお金を使うが、それ以外には1円たりとも使わない」

極端な表現なので、本書なりに言い換えてみましょう。
リラックスゾーンのものには、自分を癒せるだけお金を使う……**無制限モード**
チャレンジゾーンのものには、コスパを追求する……**お利口モード**
ストレスゾーンでは、1円たりとも無駄にしない……**どケチモード**

大江さんは、富裕層のリアルは「衣類はユニクロ、自動車はトヨタヴィッツ、住居は普通のマンション、外食はせいぜいチェーン店」だと述べています。

「お金持ちならベンツやポルシェなどの高級車を乗り回しているんじゃないの?」という気もしますが、それはごく一部。富裕層の中でも、「高級車が好きな人」だけ。

そして、「高級車が好きな人」は、それ以外には「どケチモード」になります。それが彼らの成功哲学なのです。


アーティストの全国公演を追いかける、いわゆる〝推し活好きな人〟も、ある意味成功哲学の実践者です。

同じアーティストの同じ内容のコンサートを、自腹で追いかけるわけですから、ファン以外の人から見れば〝無駄〟でしかありません。

しかし、その〝推し活好きな人〟にとって、生活を豊かにする過ごし方として、コンサートの〝全国行脚〟は重要なこと。お金の使い方のプロから見ると「まさに使いどころ」なわけです。

そのかわり、それ以外のことでは徹底してコスパを追求し、無駄を排除する。

これぞまさしく、お金の達人が実践する**〝理想の生活〟**なのです。

◎富裕層に見習う「幸せな人生設計」

私の富裕な友人に〝大の車好き〟がいます。もう何年間も、所有する車は3台を下回ったことはありません。

しかし、彼はお金持ちになってから車を持つようになったわけではありません。学生時代から車を所有していました。確か中古のVWゴルフⅡだったと記憶しています。

彼はアルバイトで頭金を工面し、車を手に入れた後もバイトを掛け持ちして毎月ローンを返していました。それも数年おきに車を乗り換えながらです。

彼の20代の車遍歴は4台で済まなかったはずです（まだ裕福ではなかったので、常に〝1台持ち〟ではありましたが）。

「バイト生活で目当ての車をなんとか手に入れ、丁寧に乗り、それを下取りに出して次の愛車を手に入れる」

彼はそんなサイクルを繰り返して、自動車好きの生活を楽しんでいました。

それと並行して、起業してがむしゃらに働き、40代でなんとか軌道に乗せると、使えるお金も増えたのでしょう、いまでは車3台持ちです。

誰しも彼を見て「お金持ちだから、車を趣味にできるのだ」と思うようです。車を3台も持てるのは、確かに成功したからでしょう。

でも彼は**お金持ちになる前から、車が趣味**なのです。それは、友人である私がよく知っています。

彼は苦しい中で、なんとかやりくりしながら「車で得られる喜びを糧にして仕事を頑張る」、そんな人生を楽しんできたわけです。彼にとっては、事業が成功したことも、所有する車が3台になったことも、たまたまの結果にすぎません。

私たちの多くは富裕層ではありません。

しかし、彼だって富裕層ではありませんでした。

人生の喜びと金銭の多い少ないは関係ないのです。

お金はなく〝ても〟、余裕はない〝けど〟、人生をうんと楽しむことはできるし、またそうすべきです。

未来を恐れてすべての喜びを先延ばしにしたり、切り詰め続けたりするのではなく、いまを適度に楽しみ、自分自身を喜ばせ、そのほかの部分では「コスパを追求して、1円も無駄にしない」。そうした生活こそ、未来への真の対策であり、幸せな人生設計なのです。

幸せと生活費は関係ない

意外に思うかもしれませんが、過度でなければ、倹約さえ楽しむことができます。

「もしコスパの追求と無駄を排した生活」を「つらいもの」とイメージしているなら、その考えは改めるべきです。

節約、倹約する生活を楽しんでいる人や、ＳＮＳで節約生活のコツを発信している人は数多くいます。

私も時々見ていますが、**「上手な倹約生活」は「なるほど！」というアイデアに満ちた、普通の暮らしよりも楽しそうな暮らし**です。

みなさんも、お気に入りの発信者をぜひ探してみてください。そんな「素敵な人」探しがあなたの趣味の一つに加わったとしたら、一石二鳥ですよね。

貯めるなら、お金よりも○○○！

ここまでお金の考え方をお話ししてきました。

「貯める」ばかりではなく、「いまを楽しむために使う」ことの大切さをお伝えしたつもりです。その上で、実はお金よりも貯めておいてほしいものがあります。未来においてお金以上に〝絶対に〟役に立つものです。

いったいなんだと思いますか？

答えは「筋肉」です。大まじめに言っています（笑）。

「あ、自分には無理だな」と思ったあなた。それは早合点です。

ある著名なスポーツトレーナーは、自分の母親が90歳を過ぎて寝たきりであったところ、毎日少しずつトレーニングをさせて、１００歳を超えてから片足でスクワットできるまでに回復させたそうです。もちろん、人それぞれ体力差がありますから、無理は禁物です。しかしだからこそ、筋肉は自分の方法でコツコツと貯めるべきです。

筋肉は体重の4～5割を占めています。

筋肉は、体を動かすだけではなく、支えたり、エネルギーを貯蔵したりという役割も担っています。

筋肉量は、成長と共に増えていきます。そのピークは20歳頃で、そこから筋肉量は徐々に減り始めます。70代になると、20代のなんと4割程度に減ってしまいます。

減り方には個人差もありますが、30〜50代に運動をあまりせずに過ごすと、筋肉が急激に減少し早死にするリスクが高まります。

反対に、筋肉量が多いほど長生きできる確率が高まるようです。

例えば「75〜84歳の高齢者の歩く速さ」と「10年後の生存率」を調べた研究によると、「普通以上の速さ（毎秒1・4m以上）で歩けるグループ」と「歩行速度が遅い（毎秒0・4m未満）グループ」とでは、10年生存率に約3倍もの開きがあったそうです。

「歩くのが速い人」、つまり**「筋肉量が多い人」ほど長生きできる可能性が高い**ということですね。

そう言われると自分の歩く速さが気になりますよね。

でも安心してください。いま、「歩くのが遅い人」も、運動を習慣化したり食生活を改善することで速く歩けるようになれば、生存率は伸ばせます。

健康のために「生活改善をしましょう」という呼びかけは、もう耳タコですよね。食べ物やサプリ、運動、睡眠。気にかけなければいけないことが多すぎて、ちょっと面倒になってしまいます。私だってそうです（笑）。

そんな場合、ぜひ「筋肉」に注目してください。

「あらゆる要素の中で、健康寿命に最も貢献するのが筋肉量である」

この事実は、さまざまな研究ですでに証明されています。

より健やかになるための具体的な目標を持って日々を過ごそうとする姿勢は、素晴らしいものです。

たとえ大金を貯めていても、不摂生で倒れてしまっては、元も子もありませんね。

もし未来を心配するなら、貯蓄の最優先事項は「お金」ではありません。

それは絶対に「筋肉」である、と断言できます。

無理せず、健康を手に入れるには「まず、歩く」

筋肉の貯蓄を成功させる第一のコツは、「無理は絶対にしない」ということ。高すぎるハードルは掲げないということ。

筋肉づくりの**第一歩として、まずは歩くこと**から始めましょう。

例えば「1日30分程度」を目安に歩くようにしてみてください。

もし自信があるようなら、「速歩き」を少し意識するのもいいですね。

この時点で、膝や腰、肩などに痛みが出たら、自分の弱点を棚卸ししましょう。

整形外科を受診し、指導を受けるのがお勧めです。

整形外科には、「リハビリ治療」もありますから。

そこで普段歩くのに問題のない体づくりを手伝ってもらいましょう。

◎ほんの少しだけ、「駆け足」になってみる

『スマホ脳』（新潮新書）で知られるスウェーデンの精神科医アンデシュ・ハンセンには数多くの著書があります。

それらは一貫して**「心と体を健康に保つには走るのが最もよい」**と説いています。

走ることは、歩くのと同じく、体を健康に保つすべてに役立ちます。

あなたにもし余力があるなら、「30分」を目安に走りましょう。

週に1度でもいいですし、できれば2〜3度トライできれば最高です。

「走る」となると、すぐさま「ランニングのためのウェアがない」「よいシューズを用意しなければ」と、〝準備〟が面倒になってきます。でもそうなると、心理的なハードルが急に上がってしまい、「やっぱりやめた」とモチベーションが下がってしまいますよね。

いま、海外では「ストリークラン」が流行中です。準備はさておき「とりあえず少

しでもいいから走ろう」というものです。

仕事帰りに駅からの5分間だけ、荷物を持ったまま少し駆け足するだけ。それでもいいのです。大切なのは、スタイルでもなく、運動の強度でもなく、「続けること」。

「30分間、汗をかいてしっかり走ること」は確かに理想の習慣です。でも、それは「いつかできたら」という努力目標でOKでしょう。

今日からほんの少しだけ、「駆け足」になってみませんか?

7章　成長

結果を追わない行動が、あなたを「折れない人」にする

○人生の大部分は「つき合う人」で変わる

私たちの人生の大部分は、「つきあう（一緒に過ごす）人びとによって形づくられる」といえます。その中で、残念なことに「つきあう人びと」が私たちの成長の妨げになることがあります。

もしあなたが、ある特定の友人関係や人間関係に気をとられ、「気後れする」「嫉妬する」ということがあるなら、そこから徐々に遠ざかる方がいいでしょう。

最も長い時間を共に過ごす人びとは、あなたの未来を決定的に変えてしまいます。

この原則を軽く見ないで、「つきあう人びと」を上手に見つけることが必要です。

はっきり言えば、**合わない人を避ける**、ということです。

子どものうちは、社会性を身につけるための訓練として（それがどれほど役に立つかは別として）、みんなと仲良くする、という心がけも必要でしょう。

しかし、大人になれば、むしろそれとは反対の訓練が必要なときがあります。「相性の悪い」人に無理に合わそうとせずに、上手に避ける訓練です。優しい人、いい人は苦しくても相手に合わせてしまいがちです。しかし、時には距離を置く方がお互いにずっとラクになり、人生が豊かになることもあります。

現在の社会では、「ありのままのあなたを愛してくれる人」と過ごす時間よりも、「あなたを好きではない人」の気を引こうとする時間のほうが長いことすらあるでしょう。それを避けられないこともあるのがつらいところです。しかしだからこそ、無理に合わそうとか、合わせられない自分は社会人失格だ、などとは考えず、お互いのために適度に距離を置く、という心掛けはとても重要なのです。

〝嫌な上司〟〝不愉快な同僚〟をどうするか？

職場での人間関係について考えてみましょう。

合わない上司や〝嫌な上司〟、〝不愉快な同僚〟は誰にでもいるものです。

そうした人びとと一緒に働かなければならないのは、大変つらいことです。

誰だって「相性の悪い人」はなるべく避けたいはず。でも職場では、なかなかそう言ってもいられません。

そこで、避けやすいものから難しいものへ、順を追っていくつかのパターンを見ながら、できること、すべきことをお話ししたいと思います。

ケース①「合わない人」を避けやすい場合

まず、一緒に仕事をするわけではないが、気持ちよく交流できない人について。

職場の人との「人間的なかかわりや交流」を求めても、それを「拒まれる」「無視される」というような場合、その人とはやりにくいと思うことでしょう。「人生をより幸福にしよう」と前向きに取り組んでいるあなたが、そのように思うのは当然ですし、ガッカリするのもわかります。

しかし、相手があなたの要望を受け入れないなら、それはもう仕方がないことです。「相手を変えようとしない」という原則にのっとれば、**その人を最大限尊重して、あなたは「仕事以上のこと」は求めない**ようにするべきです。

相手の態度に気をもむよりも、あなた自身が「人間的交流と仕事を混同していないか」、それを自分に問い直すいい機会になったと考えましょう。

ケース② 「合わない人」を避けにくい場合

次に、仕事を進めるにあたって不愉快な状況が発生する場合です。

これはなかなか厄介です。

あなたがまず行うべきは、周りの人にそれとなく相談することです。

そして、**不愉快な状況があなただけに起こっているのか、周りの人にも起こっているのか**確かめてみましょう。

私たちはしばしば、「自分だけが苦しんでいる」と思い込んでしまいます。その思い込みは孤独感を増幅させ、問題をより大きく感じさせます。

しかし、もしかすると同僚も同じ状況にあるかもしれません。彼らもまた、同じように悩んでいたり、疑問に思っていたりするかもしれません。

みんなで状況を確認できれば、あなたのつらさや苦しみはずっと軽くなるはずです。

そして、不愉快な状況を変えていくチャンスも生まれます。

しかし、周りと問題を共有するときには、どうか次のことを忘れずにいてください。

それは、「人をラベル付けしない」ということです。

上司や同僚を不愉快な人物として決めつけてしまうと、**あなたの態度や表現が雑になり、すべての対話や交流が歪んだもの**になってしまいます。

人間関係のトラブルの多くは誤解や先入観、無意識のバイアスから生まれます。

特定の人物に対する否定的な感情は、人間関係の大きな障害となり、信頼関係を築きにくくしてしまいます。


実を言うと、私にも不愉快に思っていた知人がいました。

しかしあるとき、その知人と一度飲みに出かけ、人となりやモノの見方を知って、その人をまったく新しい角度から見ることができるようになり、大変親しくなりました。その人こそ、私の大切な友人Ｆです。

その人に対する不愉快さは、実は誤解からきていたとわかり、予想外の友情が芽吹くことだってあるのです。

人間関係にまつわる問題のほとんどは、コミュニケーション不足や誤解が原因です。ですから、誰かとの関係がうまくいかないと感じたときは、まずその人とコミュニケーションを取ること、お互いの考えを共有することから始めてみてください。そして、どんな状況でも**「相手をラベル付けせず、心を開いて理解しようとする姿勢」**を保ちましょう。それが、あなたが心地よい職場環境を築くための、最初の一歩となるはずです。

しかし、これらの試みがうまくいかず、状況が改善しない場合は、自分自身と相手の立場を守るために、その人との接触頻度を減らさなくてはなりません。

人間関係の現実として、すべての人と良好な関係を築くことは困難です。お話しした通り、**「概ね7割の人とは自然と相性が悪い」**と考えてもよいでしょう。それは性格の違い、価値観の相違、あるいは単にコミュニケーションスタイルの違いからくるものです。

この7割の人びととの距離をうまく保てれば、ストレスを最小限に抑えることができます。

もっとも職場では、距離を保つのが難しいこともあります。職場は、一定の時間、一定のスペースで、さまざまな人びとと一緒に働く場ですから、特定の相手との関わりを完全に断つなんて、ほぼ不可能でしょう。しかしそれでも、接触頻度を減らす努力は必要です。

具体的には、**一緒になる仕事を極力避けることや、休憩時間のスケジューリング、あるいは仕事関係以外の会話を最小限に抑える**などです。

重要なのは、自分の精神的な健康を最優先に考え、「仕事」として割り切れる範囲内で、距離を保てるようになることです。

自分が何を大切にし、何を許せないかを理解することは、自分自身と他者の立場を守り、無理なく成長するための不可欠な要素です。

ケース③「合わない人」を避けるべき場合

最後は、あなたが長期的なストレスや過度の不快感にさらされている場合です。

あなたの健康や幸福を第一に考え、職場を変える必要があるでしょう。

職場は、生活の大部分を占める重要な場所です。だから、働く環境は私たちの幸せや健康に大きな影響を及ぼします。その影響がネガティブである場合、適切な対処法を急いで見つけなければなりません。

長期的なストレスや過度の不快感は、日常生活のすべてに悪影響をもたらします。相性の悪い相手との接触を減らす努力や、感情を管理する技術を磨くことなど、できる限りのことはやってみるべきです。しかし、そうした努力が実らないときは、転職を検討するのは、ごく自然なこと。必須だと言っても差し支えないでしょう。

なぜなら、あなた自身の〝幸福〟と〝健康〟は「仕事を通じてあなたが達成したい目標」の土台であるべきだからです。職場がその目標を妨げたり、あなたの幸福や健康を脅かしたりするなら、できるだけ早い内にその場を離れましょう。

「職場に迷惑がかかるのでは」と心配なのは、あなたが責任感の強い人、優しい人だからです。それは素晴らしいこと。しかし、〝幸福〟と〝健康〟を犠牲にしてまで、職場に残る義務はありません。あなたにあるのは、未来を自分で決定する権利です。

もちろん、権利を行使して職場を変えることは大きな決断です。一歩踏み出すことだって大変でしょう。でも**あなたの〝幸福〟と〝健康〟を守るには、大胆なステップが必要**です。

その決断ができるのは、あなたをおいて他にはいません。

最初は勇気がいるかもしれません。未来が心配で仕方ないかもしれません。でも、大丈夫です。その勇気があなたの人生をきっと好転させてくれます。

◎「成長」と「がまん」は何の関係もない

ここまで何度もストレスゾーンを「手放す」、ストレスゾーンから「離れる」という話をしてきました。先ほどもまた「避ける」という言い方をしました。

ですから、「そんなことを繰り返していたら、人として成長しないのでは」と疑問に思う人もいるかもしれません。

でも、それは誤解です。

人間的な成長と向こう見ずな「がまん」は、何の関係もないからです。

成長に必要なのは「無駄な努力を避けること」と、「〝集中できる努力〟を選ぶこと」。このわずか2点です。

無駄な努力を手放す

私たちは、いままで続けてきたことについついハマりがちです。

「続けてきた内容や取り組みでなんとか成果を出したい」と考えてしまうのです。

いままでやってきたことを無駄にしたくない、という思いもあるでしょう。

新しいことを始めるのはおっくうだ、という思いもあるでしょう。

「周りの目が気になって新しいことを始められない」「いまさらやり直せない」という思いもあるかもしれません。

「これは無駄だな」と思いながら続けていることの1つや2つは、誰にでもあります。

しかし、自分を成長させるためには、何より軽やかな心で結果を出すためには、無駄な努力を手放す必要があるのです。

○「いま続けている努力が正解か」と考えると選べなくなる

いま続けている努力を少しでも「無駄だ」と感じるなら、直ちにやめるべきです。人目を気にしている場合ではありません。

しかし、「これが無駄なのかどうか、自分でもよくわからない」「続けるべきかどうか悩んでしまう」、そういう思いもあるでしょう。

私たちは、「正解」を非常に気にします。

その姿勢自体は大事なことです。しかし、お話ししたように、そもそも未来とは不確かなものであり、その予測はアテになりません。

したがって、**「いま続けている努力が正解かどうか」を考えても仕方がない**のです。

むしろ正解にこだわると、理に適った判断ができなくなってしまいます。その結果、「続けるか、やめるか」を選べないまま、無駄な努力をダラダラと続けてしまうのです。

ときには直感を信じてみることも大事

選択が正しいかどうかと悩み、行動できずにいるよりも、その選択の瞬間に得た情報や自分が感じたことに従う方が、ずっとよい結果を得られます。

絶対的な「正解」などありませんし、わからなくても良いのです。そのときどきに、**ぼんやりとでも「こっち」だと思った方を選べばよい**のです。

実際、ある心理学の研究[※7]によると、サッカーの試合結果に関する専門家の予測は、熟考した時よりも直感に従った時のほうが、的中率が高かったそうです。これは、あまりに深く考えると余計な可能性まで見逃せなくなって、素直な結論を得られなくなるということでしょう。

先ほどお伝えしたように、正解か否か思い悩んで行動できずにいるよりも、直感的に「いま、正しい」と思うことを思い切ってやってみる方がよいのです。

診察を受ける場面を例に考えてみましょう。

病気を抱えているとき、私たちはどうすべきかを知ろうと時間とエネルギーを使います。しかし時に、それが**治療を妨げてしまうことがある**のです。

例えば、患者があちこちの医者に診てもらっている姿を想像してみてください。一人の医師の診断結果を信じきれず、他の専門家にも意見を求める。それは、何か重大な決断をするときに、慎重に行動する人の自然な反応かもしれません。セカンドオピニオンを求めることは、確かに重要です。

しかし、正しい治療を求めて処方箋を集めて回るだけで、なかなか治療を始められず、その結果、病状が悪化してしまうなら本末転倒です。

直観的に「ピン」ときた医師のもとで、診断を受けた時点で治療を始めていれば、いま頃はすっかり元気だったかもしれません。

ビジネスや起業の世界で、新しいアイデアやプロジェクトを進める際にも同じことがいえます。

新しいアイデアを思いついた起業家を想像してみてください。彼はそのアイデアに可能性を感じ、それを具体的な事業に変えるために計画を立てます。しかし、彼はそのアイデアが成功するかどうかを完全に確信できず、さまざまな専門家の意見を求めます。彼はマーケットリサーチを行い、アドバイザーに話を聞き、ビジネスプランを何度も見直します。

すべての準備が整ったように見えますが、彼はなかなかそのアイデアを実行に移す一歩を踏み出せません。彼はさらなる情報を収集し、さらに多くの意見を求めることに時間を費やします。その間に市場環境は変化し、他の競合企業が同様のアイデアを実行に移してしまう。そんなことが起きるかもしれません。

この例も、医療の例と同様に、「行動に移すこと」の重要性を示しています。考えてみる、見直す、評価するといった行動は重要ですが、それらは**「やってみる」中でのことであるべき**です。

何も行動しなければ、あなたのアイデアはただのアイデアのままです。それは夢想の領域を越えることはありません。しかし、**アイデアを行動に移すことで、それは現実の可能性になります**。行動に移すことは、成功への道筋を作るだけでなく、自分自身の能力を発揮し、可能性を最大限に引き出すための手段でもあります。

たとえ結果が望み通りにはならなくても、そこから学び、成長し、改善する機会が得られるのですから、何も損はありませんね。

もっとよいことだってあります。

自分の心の中の声に耳を澄まし、その声に従って行動することこそ、不安を取り除き、心身ともにラクになるための第一歩だということです。

不安だから行動できないのではなく、行動しないから不安なのだということを、どうか覚えておいてください。

行動するかどうかで悩んだら、行動した方が幸福度は高い

行動の結果がイマイチでも、とにかく行動した方が幸福度は高い、という研究結果

もあります。

コロンビア大学の研究[※8]なのですが、新社会人の就職活動とその後の職場満足度が調査されています。その調査の対象者は、就職先を客観的な情報に基づいて慎重に決めた人たちと、より直感的に、大まかな情報にだけ基づいて決めた人たちです。

調査の結果は興味深いものでした。

就職後半年を経た時点で、客観的な情報に基づいて慎重に決めた人たちの収入は多かったのですが、職場満足度は低いと評価しました。他方、直感的に就職先を決めた人たちは、収入が多いわけではないのに、職場満足度は高いと評価したのです。

慎重な選択は収入を少し高くしても、満足感にはあまり貢献しない、ということですね。

ここまでお話ししてきたのと同様のことを、アップルの創業者であるスティーブ・ジョブズも述べています。彼はスタンフォード大学の卒業式でのスピーチ[※9]でこう述べています。

人生の時間は限られています。だから、他者が望むような生活を送るべきではありません。他者の価値観にとらわれたり、**自分の心の声を無視したりしてはダメ**なのです。最も大切なのは、自分の心と直感を信じる勇気を持つことです。君たち自身の心と直感は、本当に何をしたいのかをすでに理解しています。他のすべては二の次で構わないのです。

私たちは、未来を知ることはできません。だからこそ「いまこの瞬間に自分自身が正しいと信じるもの」を選び、実行することをためらってはいけないのです。

○心配を織り込むことはコスパが悪い

「心配」というコストをかけても、その「心配」が現実化する可能性は低いもの。仮に現実化しても十分に対処可能ですから、その「心配」は圧倒的に「コスパが悪い」「時間の無駄」と表現できます。

それなのに**「心配」に振り回されると、皮肉にも、思いも寄らないことが起こりやすくなってしまいます。**

人間の行動は時として予想外の結果をもたらします。無用な心配に基づいて行動するとき、特に顕著です。具体的な例として、ラーメン店の選択を考えてみましょう。

私の職場の近くには、A店、B店、C店の3つのとても小さなラーメン店があります。いま3人の同僚が、昼食をとるためにラーメン店に行こうとしています。3人は、店が混雑しておらず、ラーメンが美味しいことを重視しています。

A店は最も美味しいと評判ですが、しばしば混雑します。B店の美味しさはA店ほどではありませんが好評で、時折混雑する程度です。C店の美味しさはイマイチで、混雑することはほとんどありません。

3人は混雑を避けるために、A店ではなくB店に行こうとしています。しかし、この地域にいる多くの人が同じ考えだと、Ｂ店は混雑し、同僚たちの期待は裏切られることになるでしょう。みんなが混雑を避けようとＢ店を選ぶと、評価が最も高いＡ店と評価が最も低いＣ店は、比較的空いた状態になるわけです。

このラーメン店の例から学べることは何でしょうか。

それは、不確かな予測や心配に基づいた行動が、必ずしも最善の結果を生むわけではないということです。評価が最も高いＡ店で昼食をとる可能性が３人の同僚や他の人たちにはありました。しかし、きっと混雑するだろうと避けたのです。その結果、Ｂ店の大混雑を招いたわけです。

こうした事態に陥らないためにも、**不確かな予測にとらわれず、その時々の心の声に従って選択するべき**です。その選択が最善である保証はなくても、自分の心に素直に従った選択であれば後悔することも少ないはずです。

どうせやるならコスパで選ぶべき

ここまで長々とお話ししてきましたが、結論からいえば……。

どうせやるなら、**よりコスパの良いものを選ぶ**。それに尽きると思います。

最もコスパがよいのが、リラックスゾーン。

最悪なのがストレスゾーン。ここにコストをかけるのは控えたいものですよね。

とはいえ、すべてがリラックスゾーンにあるわけでもないので、「チャレンジゾーンにどう取り組んでいくか」、考えることも大切です。

挑戦したいという意欲にあふれているとき、高揚しているとき、私たちは「努力ができるモード」になっています。そのときは成果を出しやすくもなっています。

あなたが何かしら挑戦してみたいと思っているなら、チャレンジゾーンにあるような対象を選ぶべきです。

「前向きに取り組める気がする」
「それをやっていて楽しいと感じる」
「ワクワクするような期待が持てる」
「希望へつながるようなイメージが湧いてくる」etc.……。

右の項目のどれか一つにでも当てはまるなら、コストをかけてよいでしょう。

こうしたときは、コストをかけても、よい結果が何かの形で返ってきます。先ほどお伝えしたとおり、行動した方が幸福度は高いもの。せっかく行動する気になっているわけですから、ここで**コストを惜しんだり、恐れたり、面倒くさがったりするのは大変な損失**です。

逆にいえば、ストレスゾーンにあるときは、無理に行動するのは大変コスパが悪いわけです。行動したことによる幸福度の上昇も、コストが高すぎると割り引かれてしまいます。ですから、先ほどの4つの項目の裏面、つまり「気がしない」「感じない」「持てない」「湧いてこない」に当てはまるなら、いまは見送るべきでしょう。

○「折れない人」というのは、結果を気にしない人

「努力をするのが苦手」「行動を継続するのが苦手」、という人は珍しくありません。

私だって、そう思うことはありますから（笑）。

そういう人は大抵の場合、「飽きっぽい」などと言われますが、それは誤りです。

そういう人は、むしろ結果を気にしすぎ、こだわりすぎなのです。

うまくいくかどうか、そのことばかりが気になり、いま行っていることをそのまま続けられなくなるわけです。

逆にいえば、継続することが得意な人、逆境にあっても折れない人というのは、**結果をあまり気にしていない人**だといえるでしょう。結果ではなく、「いま自分が楽しいと思っていること」を継続する、ただそのことだけに集中しているわけですね。

そういうとき、その人の心はチャレンジゾーンにあり（時にはリラックスゾーンにすらあるため）、不安やつらさを感じることなく継続することができるのです。

要は〝心〟が折れないのではなく、〝行動〟が折れない（やめない）ため、とても精神的に安定しているように見えるわけです。

繰り返しになりますが、秘訣は「無駄な努力を捨て、楽しむことに集中する」。これに尽きます。

◎とはいえ人間は行動を起こすのが苦手

継続しようにも、そもそも**「何かを始めること自体が苦手」**という人もいるでしょう。

確かに、何かを始めるのは大変面倒です。

自動車だって、動き始めるときは多くの燃料を消費しますよね。動き始める瞬間には、それだけコストがかかるわけです。

何かを始めるのは誰にとっても大変で、もちろん私だってそうです。歴史上の偉人にだって、多かれ少なかれ「始めるって、ちょっとしんどいなぁ」という感覚はあったはず。

私の場合、特にランニングがそうです。毎回走り始めるまでがとても面倒です。でも、走り終わった後は大変爽快で、「今日も走ってよかった！」と心から思います。

私にとってランニングは、「やってよかった」と思えるもので、それは十分にわかっているのですが、毎回毎回、面倒なわけです（笑）。

人の心って厄介なものですよね。

私の8歳の息子も、湯船に浸かりながら「お風呂に入ると、こんなに気持ちいいのに、なんで入る前はあんなに嫌なんだろう」とこぼしていました。

疲れ知らずの子どもですら始めるのは面倒なのですから、大人はなおさらです。

面倒さを克服するコツ

そんな大人にとっては有り難いことに、ある研究によって、始める際の面倒さを克服するコツがわかったそうです。

それは、**なるべく小さく始める**ことだそうです。

この話をする度にいつも思うのですが、私を含め、多くの人が考える「最初の第1歩」は大抵大きすぎます。

例えば、「朝起きるのがつらい人」へのアドバイスは、大抵は生活習慣を整えるだとか、定期的な運動をするといったことです。たしかにそれも大事ですが、起きる努力をするなら、まずはベッドで足の親指1本を動かしてみることからでもいいでしょう。

クエンティン・タランティーノの傑作『キル・ビル』では、4年間の昏睡から目覚めたユマ・サーマンは下半身が麻痺しており、立ち上がるまでに13時間かかるのですが、はじめに挑戦したのは右の足親指を動かすことでした。プロの殺し屋らしく、けして慌てません。ユマ・サーマンいわく、指を回せれば「関門は突破」だそうです。さすがタランティーノ（笑）。

このコツは、ダイエットにも当てはまります。私たちはダイエットを始める際、綿密な食事制限を計画したり、厳しい運動プランを立てたりします。しかし、三日坊主で終わってしまい、早々とダイエットを諦める羽目になります。

そんな大きな一歩では、なかなかダイエットは成功しません。私たちの意志の力はとても弱いので、負担が大きなことは続かないのです。だから、ダイエットを成功させるには、意志の力を最小限で済むようにする工夫、つまり、なるべく「がまん」しなくて済む工夫が必要です。

そんな工夫の一つに、**「後で食べよう」と考える**、というものがあります。

甘いものを食べたいという衝動が訪れたとき、「甘いものはダメ」と歯を食いしばるのではなく、「後で」と一時的に先送りするわけです。

面白いことに、多くの人は時間が経つとその食欲を忘れてしまいます。夜まで食欲が続く場合でも、「明日の朝食べよう」と自分に約束することで、その日は乗り越えることができます。

朝になり、まだ食べたければ約束通りに食べてもよいでしょう。夕方や夜に食べるのに比べ、一日の始まりである朝に食べるとカロリーを消費しやすく、ストレスの軽減にもなるからです。

具体的な計画なしに、「後で食べよう」と思うだけで、ダイエットは始まります。そして、この小さな一歩が、ダイエットの成功という大きな成果へつながっていきます。

兎にも角にも、最初の一歩を小さくすること、それが大切です。

ランニングを始めようとするのであれば、遠くを目指して走り出すのではなく、まずは近くのコンビニに買い物に出てみる。

勉強を始めようとするのであれば、いきなり教科書を開くのではなく、YouTubeで関連動画を見てみる。

仕事を始めようとするのであれば、いきなり作業に着手するのではなく、近くの同僚に話しかけてみる。

「始めたいこと」に関連する行動なら、どんなにささいなアクションでも構いません。

ストレスゾーンに入ってしまわないように、できる限りハードルを下げ、「スムーズに開始できる」ことから始めましょう。

○そして心の勢いを利用する

人の心とは不思議なもので、**始めてしまえば、次第に〝その気〟になってくる**ものです。要は、自然にするするとチャレンジゾーンに入っていけるのです。

コンビニに向かっている途中で、「あと少し、このまま走ってみよう」と足を動かし続けたり。

YouTubeで歴史動画を見ているうちに、「あれはどうだったかな？」などと気になった出来事を教科書で調べたり。

同僚と世間話をしているうちに、作成書類の具体的なイメージが湧いてきて、むしろいますぐ作業を始めたくなったり。

「やる気」とは、行動の前にあるものではなく後にあるもの。だから「やる気が起こりにくいこと」ではなく「やる気が起きやすいこと」でやる気を起こせばいいんです。

最初の10分で嫌ならやめる

行動する際に、時計やタイマーで時間を測ってみてください。

もし、スタートから10分経っても気持ちが乗ってこなければ、そのときは「見込みがない」かもしれません。場所や時間や体調などで、イマイチ集中できないこともあります。そういうときには早々に切り上げて、他のことを始めた方がいいでしょう。

大事なことは、自分を責めないこと。

集中できなかったり、はかどらなかったりするのは、あなたのせいではありません。単にタイミングの問題ですから。

それでも真面目な人は頑張ろうとしてしまうので、要注意です。

やろうとしていることが、チャレンジゾーンにあるときなら、少し粘ったあとに集中できたり、満足のいく成果が出せたりすることがあります。

でもストレスゾーンにあるときには、粘ってもつらいだけです。

人生は有限です。そんな無駄を許せるほど、私たちは暇ではありませんよね。

優秀な営業マンほど、粘りません。

優秀な投資家ほど、早々に損切りします。

多趣味多才で知られる人ほど、ただの続かない人です。

だから、「粘れないこと」を気にする必要なんて、まったくありませんよ。

うまくいかなくとも経験値は上がる

2章でもお話ししましたが、「うまくいかないかもしれない可能性」は、最初からおりこんでおきたいものです（59ページ）。

最初から「10件（10回）までなら失敗してもいい」、そう決めてから始めれば、失敗の度にがっかりすることはありません。

この**「がっかりする」という心の動きは、少なからずダメージを与えるので、できるだけ避けたい**ものです。

「失敗すること」「続かないこと」、そういったことがすべて無駄になるとは限りません。確かに結果だけを見れば、無駄になった努力はあるでしょう。でも経験値は確実に上がるわけですから、すべてが無駄になることなんて、まずないのです。

それらは人生において、必ず何かの役に立ちます。

それでも私たちが心に留めておくべきなのは、「何かの役に立つ無駄な努力」よりも、「チャレンジゾーンで臨める努力」のほうが効率はいい、ということです。

◎「やめること」は「あきらめ」でも「負け」でもない

私たちはなぜか、**「つらい努力を続けていると、未来でいいことがある」と考えがちです。**この考えに科学的な根拠はありません（笑）。

たしかに子どもの頃、そのように言われて勉強した気もしますし、そもそも少年漫画が友情・努力・勝利を美化しすぎているようにも思います。

私たちは、「勝利」は「努力」と引き換えである、という図式を刷り込まれてきた

せいか、「やめること」を「あきらめ」や「負け」と見なしがちです
でも、**「やめること」は「あきらめ」でも「負け」でもありません。**ただ「無駄な努力をやめる」、それだけのことです。

人生の可能性は、多様です。

一つのことにこだわり続ける必要なんてありません。

また別の方法でやればいいわけですし、また別の方面で勝てばいいわけですし、また別の方向で幸せになればいいわけです。


もう私たちは子どもではありません。「友情・努力・勝利」というスローガンを真に受けるような年齢ではないはず。**いい大人になったのですから、よくわからない努力ではなく、自分の判断をアテにすべき**です。

そして、自分のモチベーションを上手に活かしていきたいもの。無駄な努力で、せっかくのモチベーションを無駄にしないことです。人生を無駄遣いしないことです。

○「成長」という言葉にこだわらない

「成長」という言葉もまた、未来に関わるよくないニュアンスを含んでいます。

ここまで「成長」というテーマでお話ししてきたので意外に思われるかもしれませんが、**実は「成長」にもこだわる必要はない**、と私は思っています。

私たちの目的は「成長」それ自体ではなく、「幸せになる」ことでしょう。

不確かな未来で幸せであろうとするよりも、いま、この瞬間の幸せを感じられることのほうがずっと大事だ、ということは、もうお伝えしましたね。

ここまで読まれたあなたなら、もうお気づきでしょう。

結局のところ、**「成長」は、振り返ったときにしか自覚できない**ものなのです。

終章

幸福、もしくは不安について

◎幸福とは、感覚ではなく、人生への取り組み方

社会科学者アーサー・C・ブルックスは、「幸せとは結果でも目標でもなく、一つのプロジェクトである」と述べています。

うまい言い方だと思います。多くの賢人が「幸せとは、未来ではなく、いま、ここにあるものだ」と言っていますが、なかなかわかりにくいものです。ブルックスは彼なりの表現で**「幸福とは未来の〝目標〞ではなく、いま生きていく上での〝取り組み方〞なのだ」**と言っているわけです。

これは「幸福であることは難しいが、幸福になることはできる」と言い換えられるかもしれません。

みな、幸福とは、現在の努力の先にある、未来のご褒美のように考えがちです。

しかし本当はそうではありません。

「幸福」（幸せ）という言葉は「資格を取得すること」「結婚すること」「新しい家を手に入れること」など、具体的な目標の達成に結びつけて考えられがちです。

しかし、これらの目標を達成したとき、私たちは本当に「幸せ」を感じるでしょう

か？

一時的な達成感や満足感は確かにあるでしょう。でも「幸せ＝目標の達成」であるならば、幸せは目標を達成した瞬間に終わってしまいます。

幸福とは、瞬く間に終わってしまうものなのでしょうか？

私たちは、ある目標を達成した瞬間、すぐに次の目標に目移りし、また別の未来のことを考えてしまいます。よく馬の目の前にニンジンをぶら下げると表現することがありますが、幸福はまるで私たちにとってのニンジンのようです。

しかし、幸福は未来の目標ではありません。**幸福とは目標や結果ではなく、取り組み方、いわば人生への姿勢なのです。**

「良い人間であるのは難しいが、良い行いはできる」のと同じで、「幸せである」のは難しくても、「幸せになる」ことは可能なのです。この違いは微妙ですが、非常に重要です。

また友人Ｆの話をしましょう。彼の求職活動についてです。

○就職できても、幸せになれない理由

Ｆは半年ほど前、求職活動をしていました。Ｆは私に電話をしては、つらい、つらいとこぼしていました。彼によれば、「求職活動はマラソンよりもずっとつらい」のだそうです。

「マラソンは、ゴールがハッキリしている。でも求職活動は、明日終わるかもしれない。ずっと終わらないかもしれない。毎回、面談前に『これで終われるかもしれない』と思いながら臨み、ダメならまた振り出しに戻る。毎回その繰り返しで、毎日が地獄。就職さえ決まれば天国なのに」

私が彼の求職活動に、何かできるわけではありません。話を聞くことぐらいしかできませんが、それでも役に立つならと、彼の愚痴を聞いてあげていました。

そうするうちに、彼の就職が決まりました。私は心から「おめでとう」と言いました。でも、電話の向こうの彼の声は沈んでいます。

彼はこう言います。

「新しい職場でうまくやっていけるか心配だ。上司や同僚はいい人だろうか。そもそも少し自分を盛り気味でアピールしてしまった気がする。『思ったよりもできない奴だ』と思われるんじゃないだろうか」

そんなことを考えると、毎日眠れないのだそうです。

就職が決まれば地獄から天国へ華麗なる転生を果たすはずの彼でしたが、そうはいかなかったようです。彼の幸せはどこにあるのでしょうか。

彼は求職活動中**「これがうまくいったら苦しさが終わる」という未来への期待ばかりを見続けて「いま、この瞬間」を見ていません**でした。

求職活動中、彼にはさまざまな出来事があったはずです。うまく履歴書が書けたり、尊敬できそうな人に出会ったり、思わぬ親切や、アドバイスを貰ったり、そうした嬉しさや喜びに出会っていたはずです。

もちろん、つらいこともあったでしょう。履歴書の写真が変だったり、圧迫面接を受けたり、なにより不採用通知をもらえば、自分を否定されたような気分になるでしょう。

それらは、つらい出来事でしょうが、だからといって「嬉しさや喜びがない」と言ってしまうのは、不公平というものです。彼の求職活動は、つらくとも、不幸ではなく、幸せな人生の一場面ではあったはずなのです。
Fにとって求職活動は、いわば人生の冒険です。冒険なら、うんと楽しむべきです。冒険を得られたことは幸運ですし、幸福だといえると思います。

「いま」にフォーカスすることで、私たちは「達成すべき目標」に固執するのではなく、「生きる過程」そのものを楽しむことができます。私たちの人生は小さな喜びにあふれています。それに気づけた人の人生は、間違いなく「幸せな人生」です。

要は、**結果と目標にとらわれすぎず、日々の生活の中で、小さな喜びに目を向ける姿勢が必要**です。このような姿勢を持つことで、私たちは一つ一つの瞬間を大切に生き、幸せを感じられるようになるのです。
幸せは、「いま、この瞬間」に対する姿勢であり、いま、ここで感じ取るべきものです。

これまで何度も「不安は未来からやってくる」という話をしました。不確かな未来に目を向けて、幸福になれるだろうか、と考えるとき、人は不安になります。人生は一度きりなのに幸せになれるかどうかわからない、その事実に気が気じゃないのです。

最後ですから、このやっかいな不安について、もう少しお伝えしておきますね。

不確かな未来ほど、私たちを不安にさせるものはありません。現代社会は情報が溢れ、選択肢が多く、その結果として生じる不確かな予測が、いっそう私たちを不安にします。いくら未来予測を重ねても、たとえその予測が明るいものであっても、それは予測でしかないのですから、不安は遠ざかってくれません。

哲学者のハイデガーはその不安について、興味深いことを言っています。

「不安は対象がはっきりしないために取り除けない。その一方で、恐怖は対象が明確なので取り除ける」

これを大胆に言い換えるとこうなります。「不安の対象がはっきりしなくて捉えどころがないのなら、対象がはっきりした恐怖に置き換えればいいじゃない？」

考えすぎた人というのは、とんでもないことを言い出すものです（笑）。

なんだか「パンがなければケーキを食べればいいじゃない」みたいな感じですね。

しかし、この見解は、不確かな未来からくる不安を、現在の具体的な恐怖に置き換えることで、それに対処する道を示しています。

不安なら恐怖に代えればいいじゃない？

Ｆの求職活動に関連する不安を考えてみましょう。

彼は面接がうまくいくかどうか、そして新しい職場でうまくやっていけるかどうかを心配しています。これらは**未来の出来事に対する漠然とした不安なので、具体的な行動によって対処することは困難**です。

しかし、これらの漠然とした不安をはっきりした恐怖に置き換えると、事態は変わります。例えばＦの面接に対する不安は、「面接で自己紹介がうまくできない」とか

「自分のスキルをうまく説明できない」などに置き換えることができます。

　また、新しい職場でうまくやれるかどうか、という不安も、「新しい人びとと関わること」や「新しい業務を覚えること」など、具体的な内容に置き換えることができます。

　これらは、自己紹介の練習をしたり、自分のスキルを説明するための言葉を考えたり、コミュニケーションを円滑にすることで、具体的に対処することが可能です。

　このように、未来への抽象的な不安を現在の具体的な恐怖に置き換えることで、Ｆは具体的な対策を考え、行動できるようになります。こうした試みは、ハイデガーの哲学に倣った、一種の行動療法といえるでしょう。

　つまるところ、不安を恐怖に置き換えるというのは、**「コントロールできないものを手放して、コントロールできるものに集中する」**というのと同じことです。それをハイデガーは「不安を対処可能にするとは、つまるところ『いまここにいる自分』と向き合うことだ」と言っているのです。

○不安とは、自由であること

もう一つ、例を挙げてみましょう。

哲学者キルケゴールは、「不安は他の選択肢に思いを巡らす態度である」と言っています。つまり、彼は「不安を感じること＝自由を感じていること」とポジティブに捉えたわけです。

たしかに、**不安は〝迷う心細さ〟ともいえます**ね。

逆に言えば、選択肢のない人は不安を感じないわけです。代わりに希望もありません。希望があるからこそ、不安もあるわけです。希望があるからこそ、確実に希望通りになるか心配して不安なわけです。

あなたは、不安はないが希望もない人生を送りたいと思いますか？

これについても、Ｆの事例を通して考えてみましょう。

Ｆは求職活動中に、しばしば不安を感じていました。それは面接の成功や失敗、新しい職場での適応など、不確かな未来から来るものでした。でも、キルケゴールの考えからすれば、Ｆの不安は「彼が自由であること」、つまり「彼に選べる未来があるからこそ感じるもの」ということになります。

選択肢がなければ、Ｆは不安を感じないかもしれません。しかし同時に、選択肢がなければ、彼は自分の未来に影響を与える力も希望も持てないでしょう。

私たちはたびたび、不安をネガティブな状態として認識します。しかし、キルケゴールの考えを受け入れると、**不安は私たちが自由であること、そして私たちが未来に対して期待と希望を持つことができることを示す、価値ある状態**ともいえるのです。

この観点は、幸せは一つの最終的な達成点ではなく、不安と希望が混在する選択の積み重ねであることを教えてくれます。要するに、幸せになるには、不安とも上手に付き合いながら、前向きに自分の人生を切り開いていく必要があるのです。

その意味で、幸せは、やはり一つのプロジェクトなのだと思います。

あなたのプロジェクトの成功を、心から応援しています。

注

●※１（P30）

シカゴ大学のスティーヴン・レヴィットの研究によると、大事な決めごとをするとき、コイン投げで決めた人のほうが、その後変化を起こしやすかったそうです。その結果、６か月後にはコイン投げで決めた人のほうが幸せを感じていたのです。これは、迷った末にいまのままの生活を選びがちな人が、変化を選ぶことでもっと幸せになれる可能性があることを示しています。

Levitt, S. D. (2020). "Heads or tails: The impact of a coin toss on major life decisions and subsequent happiness." *The Review of Economic Studies*, 88(1), 378-405.

●※２（P56）

エビングハウスの忘却曲線。人は新しく覚えたことを時間がたつにつれてどんどん忘れていくことがわかっています。例えば、１００個の単語を覚えたとします。１時間後に思い出せる単語は平均して68個くらい。１日後に思い出せるのは44個。１か月後には28個になってしまいます。

●※３（P61）

ノートルダム大学のガブリエル・ラドヴァンスキーの研究によると、引っ越しをすると新しい環境の刺激で脳が活性化し、気分がリフレッシュされます。そのため、新しい体験は鮮明に記憶される一方、古い記憶は曖昧になります。つまり、引っ越しは記憶をリセットし、元気になるきっかけになるかもしれません。

Radvansky, G. A., Krawietz, S. A., & Tamplin, A. K. (2011). "Walking through doorways causes forgetting: Further explorations." *Quarterly Journal of Experimental Psychology*, 64(8), 1632-1645.

●※4（P90）

社会心理学者レオン・フェスティンガーの社会的比較理論によると、人は自分と似た立場の人を見ることで、ついその人と比較してしまいがちだ、ということです。比較することで自己評価が上下するジェットコースターに乗ると、心身ともに疲れてしまいます。

Festinger, L. (1954). "A theory of social comparison processes." *Human Relations*, 7(2), 117-140.

●※5（P92）

コペンハーゲン大学の研究で、Facebookを1週間使わない実験をしたところ、Facebookを使わないグループのほうが、使い続けたグループよりも幸福度が高くなったことがわかりました。特に、Facebookをよく使う人ほど、利用を控えると幸福度が上がる効果が大きかったそうです。Facebookを使わない生活を送ると、自分の人生に満足し、幸せを感じる機会が増えることがわかったのです。

Tromholt, M. (2016). "The Facebook experiment: Quitting Facebook leads to higher levels of well-being." *Cyberpsychology, Behavior, and Social Networking*, 19(11), 661-666.

●※6（P114）

ペンシルバニア州立大学の研究によると、不安障害の人の心配ごとの91・4％は当たらないことがわかりました。心配が当たらない確率が高い人ほど、不安を改善しやすいそうです。つまり、不安を消し去るには、心配が的外れであることを実感することが大切なわけです。

LaFreniere, L. S., & Newman, M. G. (2020). "Exposing worry's deceit: Percentage of untrue worries in generalized anxiety disorder treatment." *Behavior Therapy*, 51(3), 413-423.

•※7（P163）

ラドバウド大学のアプ・ディクステルホイスによると、サッカーの試合結果を当てるとき、無意識的に第一印象で答える方が、時間をかけて意識的に考えるよりも的中率が高いことがわかったそうです。何かを決める時は考えすぎずに、第一印象を大事にすることも必要だと言えそうです。

Dijksterhuis, A., Bos, M. W., Van der Leij, A., & Van Baaren, R. B. (2009). "Predicting soccer matches after unconscious and conscious thought as a function of expertise." *Psychological Science*, 20(11), 1381-1387.

•※8（P167）

コロンビア大学のシーナ・アイアンガーの研究によると、完璧を求めるタイプの人は、仕事探しでたくさんの情報を外部から集めたり、可能性のある仕事をすべて頭の中で比較したりする傾向が強いようです。そのため、実際に仕事を見つけたとしても、まだ他に良い仕事があるのではないかと思い巡らすことが多くなり、仕事に満足しづらくストレスを感じやすくなるそうです。つまり、仕事探しのやり方そのものが、満足できない理由なのです。

Iyengar, S. S., Wells, R. E., & Schwartz, B. (2006). "Doing better but feeling worse." *Psychological Science*, 17(2), 143-150.

•※9（P167）

スティーブ・ジョブズ「ハングリーであれ。愚か者であれ」スピーチ全訳。

https://www.nikkei.com/article/DGXZZO35455660Y1A001C1000000/

堀内進之介

立教大学文学部の先生、Screenless Media Lab. 所長。たくさんの本の著者。特技は、本を読んだ合間に別の本を読むこと。

吉岡直樹

Screenless Media Lab. テクニカル・フェロー。マーケッター。妻と3人の子どもとキラキラしない毎日を過ごしている。

あやうく、未来に不幸にされるとこだった

2024年2月13日発行

著　者――堀内進之介／吉岡直樹
発行者――田北浩章
発行所――東洋経済新報社
〒103-8345　東京都中央区日本橋本石町1-2-1
電話＝東洋経済コールセンター　03(6386)1040
https://toyokeizai.net/

装　丁………新井大輔
イラスト………スズキタカノリ
ＤＴＰ………美　創
印　刷………図書印刷
編集協力……山守麻衣
編集担当……寺西鷹司
 Printed in Japan　ISBN 978-4-492-04750-7